DOMAINE DU POSSIBLE

La crise profonde que connaissent nos sociétés est patente. Dérèglement écologique, exclusion sociale, exploitation sans limites des ressources naturelles, recherche acharnée et déshumanisante du profit, creusement des inégalités sont au cœur des problématiques contemporaines.

Or, partout dans le monde, des hommes et des femmes s'organisent autour d'initiatives originales et innovantes, en vue d'apporter des perspectives nouvelles pour l'avenir. Des solutions existent, des propositions inédites voient le jour aux quatre coins de la planète, souvent à une petite échelle, mais toujours dans le but d'initier un véritable mouvement de transformation des sociétés.

ÉQUICOACHING

REMERCIEMENTS

Nous voulons remercier chaleureusement Sophie Lemaire, directrice du Haras du Pin, Marine Poncet, administratrice de l'Académie du spectacle équestre, ainsi que Bartabas, son fondateur, et enfin Antoine Sinniger, directeur du Pôle international du cheval de Deauville, de nous avoir fait confiance et d'avoir mis à notre disposition trois lieux exceptionnels.

Merci à Stéphane et Morgane Bérard, nos acolytes en coulisses et preneurs d'images, sans qui rien ne serait possible.

Nous sommes particulièrement reconnaissants à Claire Cordilhac, Nicolas Melin, Serena Poucet, Claire Caillarec, Joëlle Mestrallet et Geneviève Mégret.

Et, bien sûr, à tous nos chevaux!

Cet ouvrage a été réalisé grâce à la collaboration d'Élisabeth Gausseron qui a coordonné l'ensemble des textes.

ISBN 978-2-330-06328-3
www.actes-sud.fr

JEAN-PAUL BÉRARD, ARNAUD CAMUS
LAURENCE FLICHY

ÉQUICOACHING
L'INTELLIGENCE ÉMOTIONNELLE AU CŒUR DE L'ENTREPRISE

DOMAINE DU POSSIBLE
ACTES SUD

INTRODUCTION

Depuis bientôt trois ans, les Écuries royales de Versailles, le Haras du Pin et le Pôle international du cheval de Deauville ouvrent leurs manèges à une expérience inédite. Ces jours-là, ni dressage ni spectacle équestre. Le cheval évolue librement, équipé d'un simple licol. Près de lui, un individu marche dans la sciure, un peu désemparé, curieux, parfois inquiet... Sans le toucher, il tente de manipuler l'animal, d'établir un lien avec lui. Dans un coin, le coach scrute, des naseaux à la queue, les signes infimes qui renseignent l'œil expert sur ce que perçoit le cheval. Échecs, débriefings, changements de tactique, nouvelles tentatives. D'heure en heure, les masques tombent, les certitudes vacillent, les émotions jaillissent. Enthousiastes ou dubitatifs, les cadres d'entreprise descendent dans l'arène pour se mesurer au cheval, au sens de l'évaluation, non pas de l'affrontement. Ils en ressortent fascinés, sinon transformés, par les vérités que leur a enseignées le cheval sur eux-mêmes, sur leur façon d'être et de faire.

Ainsi, deux millénaires après la conquête de sa monture, voici que l'homme met pied à terre pour la regarder et comprendre ce qu'elle lui dit. Tel est le principe de cette pratique nouvelle, appelée coaching équin, ou encore "équicoaching", qui prétend observer le cheval pour révéler l'humain et propose d'appliquer ses découvertes au monde de l'entreprise.

Cette dernière a pris conscience de la nécessité de diriger et gérer différemment pour s'adapter à un contexte et des besoins nouveaux. Notre environnement professionnel n'a plus grand-chose à voir avec celui qu'ont connu nos parents. Chômage, précarité, pression concurrentielle l'ont autant bouleversé que l'arrivée massive des femmes sur le marché du travail, la financiarisation de l'économie et la révolution numérique. Longtemps, les dirigeants ont considéré qu'ils n'avaient pas, ou peu, à se soucier de ce que vivaient les salariés en dehors du travail. Ils ne se sont donc pas intéressés – ou de façon indirecte par le biais de la participation aux œuvres sociales du comité d'entreprise par exemple – à tout ce qui relevait du “hors-travail” : responsabilités familiales, vie associative, aspirations personnelles, laissant aux salariés le soin de résoudre l'équation qui allait leur permettre de tout concilier. Les évolutions sociales de ces cinquante dernières années ont modelé les mentalités au sein de l'entreprise et fait naître de nouvelles exigences en matière d'équilibre entre vie familiale et activité professionnelle. Si certains avaient voulu ignorer ces paramètres personnels, le krach financier de 2008 et la vague de suicides dans des entreprises françaises ont déclenché une prise de conscience obligée : la nécessité d'accompagner davantage les salariés dans leur quotidien. Signe des temps, on assiste depuis quelques années à une montée en puissance des directeurs des ressources humaines dans les comités de direction et les comités exécutifs, notamment pour analyser et anticiper les risques psychosociaux : stress, dépression, surmenage, harcèlement, mal-être, relations conflictuelles. Mais pas seulement. L'entreprise qui veut attirer, motiver et fidéliser les meilleurs talents doit savoir donner du sens, cultiver l'adhésion et la confiance de ses équipes. Elle doit notamment s'interroger sur l'impact que ses pratiques exercent sur la qualité de vie au travail et hors travail de ses salariés. Il en va de sa performance globale, mais aussi de son image, car elle est à la fois le moteur et le bénéficiaire de l'épanouissement de ces derniers.

Les logiques hiérarchiques laissant place à des modes de coordination plus souples et plus transversaux, les salariés doivent développer de nouvelles compétences. Les aptitudes intellectuelles et les savoir-faire techniques étant considérés comme acquis, on évalue de plus en plus les individus sur la qualité de leurs rapports à eux-mêmes et aux autres. Dans son ouvrage *L'Intelligence émotionnelle*, Daniel Goleman[1] fait le point sur les nombreuses études menées aux États-Unis depuis une trentaine d'années sur ce thème. Elles rejoignent les constats formulés aujourd'hui par nombre de dirigeants

1. Daniel Goleman, *L'Intelligence émotionnelle*, t. II, J'ai lu, 2003.

d'entreprises françaises. Ils déplorent que beaucoup de leurs collaborateurs manquent de motivation pour continuer à apprendre et progresser dans leur travail. Par ailleurs, une grande partie d'entre eux se révèlent incapables de collaborer avec leurs collègues. Or, comment espérer s'appuyer sur des équipes performantes lorsqu'il n'existe pas de cohésion entre ses membres ? Enfin, face à la critique, beaucoup adoptent un comportement de défense ou d'hostilité, considérant comme des attaques personnelles les commentaires les incitant à changer leur manière d'être ou de faire. Ainsi, Goleman identifie deux qualités qui n'avaient qu'un faible impact dans les années 1970 et qui sont devenues décisives dans la réussite professionnelle : la capacité à diriger une équipe et l'adaptation au changement. Pour les employeurs d'aujourd'hui, les compétences techniques spécifiques comptent moins que toute une gamme d'aptitudes émotionnelles qui rendent possibles la performance tant individuelle que collective et l'adhésion à un projet commun. Conscience de soi, maîtrise de soi et confiance en soi sont un préalable. Viennent ensuite la capacité d'écoute et de communication, l'aptitude à convaincre et à négocier pour régler les différends. Enfin, l'adaptabilité et la capacité de susciter le changement et de l'accepter constituent des atouts fondamentaux dans un contexte économique en constante évolution. Savoir prendre du recul, être capable d'empathie – c'est-à-dire de se mettre à la place de l'autre – permettent d'appréhender les individus et les stratégies. Autant de qualités qui s'apparentent à une forme de maturité et caractérisent le collaborateur idéal. Or, ce dernier n'étant pas la norme, et l'intelligence émotionnelle n'étant pas innée, il s'agit de la susciter au sein des entreprises, tant chez le manager que chez le salarié.

Voici donc les gestionnaires des ressources humaines confrontés à un double défi : d'une part, comment identifier précisément les attentes des salariés et les satisfaire sans être intrusif ? D'autre part, comment développer chez eux des compétences subjectives qui échappent par définition à tout enseignement formel ? Certes, les efforts en ce sens ne datent pas d'hier. Des formations à l'écoute et au leadership, au travail en équipe et à la gestion du changement ont proliféré depuis une vingtaine d'années. Cependant, la plupart reproduisaient des schémas scolaires : énorme erreur, gaspillage de temps et d'argent. Car c'est précisément dans le système éducatif traditionnel que l'intelligence émotionnelle a été mise de côté. Les qualités relationnelles, l'empathie, la créativité, la confiance en soi, le goût du risque y sont plus bridés qu'encouragés. La sociabilité y est tenue pour bavardage, la curiosité est source de désordre et de dispersion, la créativité est hors sujet, l'initiative sanctionnée, les potentiels de chacun sont ignorés ou, pire, étouffés. Figée dans une hiérarchie verticale avec pour unique objectif de transmettre le savoir, l'école n'a pas suivi les mutations sociales et économiques de la fin du siècle dernier. Son fonctionnement et ses principes sont restés les mêmes, privés de transversalité, creusant un fossé entre les compétences qu'elle façonne et celles attendues dans l'univers professionnel. Du reste, les parents du monde entier commencent à comprendre la nécessité d'une préparation à l'existence plus globale que celle que la formation scolaire traditionnelle offre aux enfants. Des initiatives timides s'esquissent au sein de l'Éducation nationale pour valoriser le travail en équipe, la construction de projets, la mise en commun et la confrontation des idées. Mais les effectifs des classes et les moyens disponibles limitent forcément les efforts et les résultats. C'est donc à l'entreprise qu'il revient de combler les carences. Pour révéler et exploiter l'intelligence émotionnelle, elle travaille sur le développement personnel. Le coaching professionnel est apparu il y a une quinzaine d'années pour répondre à cette demande et expérimente des supports nouveaux. Les initiatives foisonnent qui proposent des alternatives au tête-à-tête coach-stagiaire. À travers une activité artistique ou sportive (théâtre, sports extrêmes, stages commandos...), elles travaillent sur le registre de la sensibilité et de l'émotion pour mieux se connaître, comprendre l'autre, gérer les tensions et le stress. Le coaching par le cheval entre dans la catégorie de ces formations novatrices fondées sur l'émotion. Toutefois, si chacune cible une émotion en particulier, la palette de celles que provoque le cheval est infinie et complexe. Comme les formules alternatives de coaching évoquées plus haut, l'équicoaching propose un contexte original, déconnecté du cadre urbain professionnel. Il va bien plus loin, en introduisant un intervenant vivant et interactif. En réalité, dans cette relation triangulaire, le coach s'efface au profit du lien entre l'homme et le cheval. Incapable de préjugés ou d'analyse, l'animal réagit de manière objective, neutre et immédiate. Le cheval n'est pas seulement un révélateur de personnalité. Il réagit en temps réel aux émotions qu'il perçoit. D'où l'immense valeur ajoutée du cheval, qui permet de tester directement auprès de l'animal l'effet de comportements et de stratégies différents.

Tandis que s'opérait la mutation de notre environnement professionnel, une autre révolution s'est jouée dans le monde équestre. De fait, en utilisant le cheval comme médiateur, et non plus comme outil, il semble que nous abordions un moment charnière dans l'histoire incroyablement riche des relations entre l'homme et le cheval. Instrument de conquête, véhicule, outil de travail, sa polyvalence a intimement lié le cheval à l'histoire de l'humanité. Désormais, à travers les sports de compétition ou le loisir, nous entretenons avec lui une relation de confort, de plaisir, sans avoir réellement besoin de lui. Le XXe siècle a vu se profiler une nouvelle approche de l'équitation. À la maîtrise du cheval fondée sur la coercition, codifiée par les traités d'équitation du XVIIe siècle et incarnée par l'instruction militaire, succède une approche nouvelle qui s'intéresse au comportement de la monture et à son bien-être. Après des siècles de soumission, voici le temps de la collaboration. La féminisation de la pratique équestre n'est pas étrangère à cette évolution vers un rapport plus affectif avec le cheval. Certains y voient le risque d'en faire un animal de compagnie et de tomber dans l'erreur de l'anthropomorphisme. Or, l'altérité reste la condition de l'équitation et de toutes ses utilisations. L'éthologie équine, née dans les années 1970, a étudié la spécificité du comportement des chevaux, fondé sur leur condition de proie et leur nature grégaire. Ses découvertes ont très profondément irrigué le monde équestre. Dans la mouvance de cette discipline scientifique s'est développée l'influence des chuchoteurs ou comportementalistes, venus de l'Ouest des États-Unis, que le film *L'Homme qui murmurait à l'oreille des chevaux* (1998) a fait connaître à un large public. Ils ont ouvert des horizons très vastes sur les capacités sensorielles des chevaux et leur possible utilisation.

Ainsi, le cheval au naturel revient dans nos vies, sans selle, ni bride, ni harnais, pour répondre à d'autres besoins. Dans la relation multimillénaire entre l'homme et le cheval, l'avènement du cheval médiateur marque une rupture bien plus profonde encore que celle du XXe siècle, car elle inverse les rapports. L'homme a passé des siècles à faire taire la sensibilité du cheval, à gommer au maximum ses pulsions, ses écarts, ses réactions de fuite, de colère, de révolte. Il s'agit maintenant de laisser parler l'hypersensibilité du cheval, de l'observer et d'en tirer les leçons. Ainsi, l'homme va pouvoir apprendre à se connaître, à se réconcilier avec lui-même, à surmonter ses peurs, à trouver sa place, à communiquer avec les autres, à les convaincre…

Dans notre siècle de technologies qui s'est tant éloigné du monde animal, le statut unique du cheval, à mi-chemin entre l'état domestique et l'appartenance au monde sauvage, fait de lui un intermédiaire exceptionnel pour reconnecter l'humain à sa part d'animalité. Entendons par là l'état de nature, constitué d'émotions que des siècles de codification, de culture et d'éducation nous ont appris à refouler. En réalité, le cheval, jadis omniprésent dans les campagnes et les villes, était bien plus qu'un véhicule ou un simple outil. Après l'avoir un temps oublié, peut-être sommes-nous en train de redécouvrir l'équilibre et l'apaisement que nos ancêtres tiraient, sans le savoir, de la proximité avec cet être exceptionnel.

L'équithérapie a renoué avec les effets bénéfiques de ce lien. Nous ne développerons pas ici le vaste domaine de la thérapie par et avec le cheval, née d'une observation fondamentale : les bienfaits sur les êtres en souffrance de l'intervention d'un être vivant, interactif. Depuis longtemps, cette méthode au secours du handicap moteur a fait ses preuves. Après le soin kinésithérapeuthique et le soin psychomoteur, l'équithérapie apporte un soin psychique. Elle utilise la médiation du cheval dans le traitement de l'autisme et autres troubles mentaux, où le cheval permet à des êtres incapables de communiquer d'établir une connexion inespérée avec le monde. De là, des psychothérapeutes initiés au monde équin ont vu dans le cheval un auxiliaire précieux pour soigner la dépression, le mal-être et toutes sortes de problèmes relationnels. Pour résoudre des conflits entre parents et adolescents, par exemple, le cheval révèle tout autant qu'il désamorce la violence latente, l'agressivité refoulée.

Fort de ces succès, le cheval médiateur s'est invité dans la sphère sociale. La dimension valorisante de la relation avec le cheval a inspiré de nombreuses expériences dans le domaine carcéral, dans la réinsertion des chômeurs ou auprès des personnes âgées. Le cheval ne juge pas, il redonne de la dignité à ceux qui l'ont perdue, ramène les exclus, recrée le lien qui s'est rompu avec la société.

Avec l'équicoaching, le voici maintenant dans la sphère professionnelle. Difficile, pourtant, d'imaginer des liens entre deux mondes en apparence aussi éloignés ! En apparence seulement, car en matière d'organisation sociale et de comportements, nous verrons que les analogies sont multiples et que le management, l'art de mener les hommes dans l'entreprise, a beaucoup à apprendre du cheval. Du reste, le latin *managere* n'a-t-il pas donné les mots "manège" et "manager" ?

Nous sommes loin d'être les seuls à proposer des stages d'équicoaching. Les formations à vocation professionnelle utilisant le cheval comme médiateur sont nombreuses. Toutefois, elles sont restées jusqu'ici l'initiative de formateurs équestres qui s'intéressent à l'entreprise. La spécificité de celle que nous proposons vient de la complémentarité de trois approches : celles d'un coach équestre, d'une psychologue et d'un spécialiste de la communication en entreprise, ayant en commun d'être cavaliers et éleveurs, animés par la passion des chevaux et la bienveillance à l'égard des hommes.

Le présent ouvrage n'est ni un manuel de management, ni un livre de psychologie, encore moins un traité d'éthologie équine. Il ne prétend en aucun cas délivrer une méthode transposable au sens scientifique du terme. De l'interaction entre les chevaux, les individus et les coachs, sensible aux variations de contexte, naît une alchimie chaque fois différente qui rend impossible toute modélisation des observations. Notre projet est né de la confrontation de nos intuitions, connaissances empiriques et recherches livresques à propos des chevaux, mais aussi des attentes et besoins perçus dans nos métiers respectifs. Elle a débouché sur une expérience qui continue, au fil des séances, de nous passionner et de nous surprendre. Ce qui se produit reste parfois pour nous aussi mystérieux. Comme pour tout ce qui s'apparente à de petits miracles, on serait tenté de dire qu'il faut le voir pour le croire ! Expliquer par les mots comment fonctionne l'équicoaching n'est donc pas une tâche aisée. Néanmoins, nous avons souhaité nous y atteler pour partager notre expérience, faire connaître l'extraordinaire capacité du cheval à révéler l'humain et à le faire progresser.

1

RETOUR AUX FONDAMENTAUX DE LA COMMUNICATION

À la fin d'une démonstration faite à l'intention des DRH d'entreprise, l'un d'eux a établi une comparaison intéressante : l'état psychologique des participants lui rappelait celui des mères qui viennent d'accoucher. La reconnexion avec des sentiments primitifs, – donner la vie, protéger son petit – met la jeune accouchée dans des états d'hypersensibilité et de réceptivité très puissants.

Le bouleversement émotionnel est propice à la remise en question, au changement. Comme la naissance, le contact avec le cheval opère un éveil des sens, une propension à capter tout ce qui est de l'ordre de l'affectif et de l'intuitif. L'équicoaching provoque pour certains un véritable choc. Beaucoup parlent d'un temps de digestion, avant de revenir sur terre. Cet état de flottement et d'hypersensibilité est un terreau fertile qui est proposé aux entreprises afin de faire passer des messages. Ainsi, il n'est pas rare d'associer, à la suite d'une formation d'équicoaching, une étude en groupe avec les mêmes personnes sur plusieurs thèmes : le positionnement ou repositionnement de leur marque, produit ou entreprise ; la révélation de l'identité et des valeurs que véhicule cette marque. Ces journées supplémentaires sont généralement très fructueuses car l'émotion partagée la veille a fait tomber les barrières, a libéré la pensée et la parole. Nous constatons que les participants à la session d'équicoaching ont développé un sentiment de fierté individuel et collectif qui contribue à l'amélioration de leur propre estime, moteur de leur réussite. Leur entreprise est devenue pour eux plus qu'un simple lieu de travail, avec une hiérarchie et un salaire. La marque s'incarne dans un ensemble de symboles et de notions immatérielles qui les touchent et les unissent, auxquels ils s'identifient. Une participante l'a exprimé par ces mots : "Au début de la session, j'appartenais à un service. À la fin de la journée, j'appartenais à un groupe."

Nos observations nous conduisent à penser que l'équicoaching s'adresse d'abord au système limbique, zone du cerveau impliquée dans la gestion de nos émotions, comme peuvent le faire des stimuli odorants. Les émotions suscitées par le contact avec les chevaux sont prioritaires sur l'analyse et la rationalisation, activités du cortex cérébral, que nous sollicitons dans un deuxième temps, lors des débriefings. C'est grâce à cette activité émotionnelle que tombent les défenses mettant les participants dans un état de grande réceptivité. Elle reste constructive car les portes sont ouvertes pour ressentir du plaisir, de la sécurité grâce au lien proposé par le cheval. Ce sentiment de bulle ou de fusion fréquemment évoqué par les participants est le signe que le contact avec le cheval répond à un besoin profond d'attachement. Combler ce besoin procure le bien-être et l'épanouissement, conditions de plus en plus reconnues pour favoriser la créativité et la performance en entreprise.

Ces observations peuvent être mises en perspective avec la pratique du psychologue en entreprise ou au sein d'un cabinet. Les consultations avec des personnes de tous âges amènent à comparer le fonctionnement de l'enfant avec celui du cheval et à y trouver un certain nombre de similitudes. Le petit de l'homme naît avec des compétences réflexes (marche, grasping[1]...) qu'il va perdre pour réapprendre par imitation et stimulation de son entourage. Ces compétences, très archaïques, sont comparables à celles du poulain, qui marche quelques heures après sa naissance. À ce stade, la différence entre les humains et les animaux est que le poulain gardera ce savoir transmis génétiquement car sa survie en dépend. L'évolution des espèces fait du petit humain un incapable, comparé aux bébés animaux. Son cerveau et son évolution physique le rendront supérieur à maturité, il acquiert son savoir par des mécanismes d'apprentissage sophistiqués. Le savoir acquis vient se substituer aux savoirs archaïques.

C'est ainsi que parmi ses compétences, l'enfant est un décodeur des émotions de son entourage. Il lit même de façon plus ou moins

1. Réflexe archaïque caractérisé par la flexion permanente et solide des doigts sur un objet qui a touché la paume de la main (source : Larousse).

consciente certains phénomènes physiologiques chez ses parents. Nous citerons ici le cas d'Émilie, quatre ans, venue consulter pour des troubles anxieux, dont la maman suivait depuis des années des traitements pour des troubles de la fertilité. Les parents n'avaient jamais évoqué ce sujet devant Émilie. Celle-ci se mit à dessiner une femme enceinte. La maman annonça à la consultation de la semaine suivante qu'elle attendait effectivement un enfant. Qu'avait pressenti Émilie et que traduisait son dessin ? Sa perception du désir de maternité de sa maman ? L'intuition d'une grossesse démarrée ? Il est certain qu'elle avait reçu des messages non verbaux et qu'elle les avait parfaitement compris et interprétés. Les exemples sont nombreux dans la pratique ou dans la littérature de psychologie de l'enfant, citant cette aptitude des petits à lire les émotions, désirs, peurs de leurs parents et à y réagir plus ou moins fortement. Dans la relation périnatale, le tout-petit et sa mère communiquent avant tout par le corps. Que se passe-t-il entre l'état d'enfant et l'état d'adulte qui nous ferait perdre cette clairvoyance ? L'enfant apprend à parler. Au fur et à mesure qu'il grandit, il affine sa capacité à verbaliser ses émotions, à comprendre le langage de l'adulte. L'accès à l'abstraction dans le langage lui ferme progressivement les portes du langage non verbal, sauf s'il entretient cette aptitude, notamment par un contact avec les animaux.

C'est ce qu'illustre l'histoire de Tippi, enfant d'un couple de photographes, élevée en Namibie à l'écart de la civilisation et en contact permanent avec les animaux. La fillette était à la fois très proche de l'animal, mais sachant garder une certaine distance, tout à fait consciente du haut de ses six ans de la dangerosité de certains d'entre eux. Tippi avait gardé intacte cette capacité que nous avons tous à la naissance à décrypter le langage non verbal, son référentiel de langage étant autant la langue de ses parents que les mimiques des girafes, singes et autres léopards.

Ici se pose une question légitime : pourquoi utilise-t-on le cheval comme médiateur plutôt qu'un autre animal ? La rencontre avec des fauves serait assurément riche en émotions mais la méfiance réciproque limiterait fortement les possibilités d'interaction fructueuse. D'autres espèces sont suffisamment domestiquées pour que nous puissions sans risque entrer en communication avec ses membres. Elles le sont parfois trop, comme le chien, dont le désir de donner satisfaction préside à tout comportement. Dans ce cas, le chat, plus indépendant, semblerait mieux adapté à l'exercice mais il est encore trop proche de l'homme pour fournir des réactions spontanées. Par ailleurs, son absence d'organisation grégaire ne permet pas d'analogie avec la société humaine et encore moins avec celle, hiérarchisée, de l'entreprise. Du reste, on imagine mal une demi-douzaine de personnes s'activant autour d'un chat ! Lors d'une session d'équicoaching, un stagiaire nous a raconté avoir vécu une expérience de développement personnel avec des dauphins semi-apprivoisés. Certes, l'intelligence, la sensibilité, les modes de communication et l'organisation sociale des dauphins en font potentiellement un médiateur extraordinaire. Mais pour des raisons pratiques évidentes, le "delphinocoaching" est beaucoup plus compliqué à pratiquer et donc peu exploré.

Parmi toutes les espèces, la nature du cheval et son histoire le situent dans un espace intermédiaire entre la domestication et le monde sauvage. Sa taille et les besoins en espace et en nourriture nécessaires à sa survie ont posé les limites de sa proximité avec l'homme. Trop grand pour entrer dans sa maison comme l'ont fait le chien et le chat, le cheval domestiqué depuis des millénaires, entretenu au pré ou au box, garde le souvenir de sa vie en liberté : une organisation sociale hiérarchisée et des sens hyperdéveloppés pour fuir le danger. Ces caractéristiques intactes permettent d'établir à notre profit des comparaisons précieuses avec les rapports humains. Elles nous offrent surtout la possibilité de renouer avec notre propre sensibilité, notre intuition et toute une gamme de capacités sensorielles qui sommeillent en nous. Outre la beauté, la stature imposante et les représentations symboliques que nous avons du cheval, qui fascinent ou effraient, l'émotion naît de la rencontre avec un être vivant dont la personnalité, les goûts, les angoisses nous emmènent dans un espace de partage exceptionnel.

Le succès de l'équitation éthologique, dérivée de l'éthologie équine, est lié à la prise de conscience d'une nécessité de compréhension mutuelle entre l'homme et sa monture pour améliorer la performance, quel que soit le niveau du couple (loisir, compétition amateur ou de haut niveau). Ce sont les principes fondamentaux de cette approche que nous utilisons dans le travail en équicoaching. L'idée est d'aider les participants à renouer avec des compétences qu'ils ont en eux mais qu'ils n'utilisent plus : lire le langage du corps, utiliser son intuition, parler avec ses gestes, toucher, sentir. L'impact émotionnel très fort qu'il nous arrive d'observer est peut-être lié à la dimension archaïque de la relation qui s'instaure alors avec le cheval, d'un "lien très puissant" et de "l'impression de revivre des moments de l'enfance" dont certains ont parlé à l'issue d'exercices, qui évoquent la relation mère-enfant.

2

LES INGRÉDIENTS DE LA FORMATION

1. Les formateurs

Notre projet est né de notre rencontre et de la confrontation de nos parcours. À travers nos activités professionnelles et nos cheminements personnels, nous avons chacun perçu chez nos patients, nos élèves, nos clients ou nos proches un besoin très fort auquel le cheval nous semblait capable de répondre. Notre partenariat s'est donc fondé sur une mise en commun de nos expériences et sur la complémentarité de nos compétences professionnelles. Aujourd'hui, nos approches de formateur équestre, psychologue et expert en communication nous permettent d'analyser d'un triple point de vue la relation entre l'homme et le cheval et d'en tirer des enseignements applicables à la vie en entreprise. Dans la manière d'exercer nos métiers respectifs, l'attention portée à l'autre et la bienveillance, l'envie d'apporter des solutions et de faire progresser nous sont apparues comme des valeurs que nous partagions. Enfin, et à l'origine, nous sommes liés par vingt ans d'amitié autour d'une passion commune : les chevaux. La relation que nous entretenons avec eux et les enseignements que nous en tirons pour notre vie personnelle et professionnelle nous ont convaincus que cet animal pouvait beaucoup apporter au monde de l'entreprise.

Le propos des quelques lignes qui suivent n'est pas de nous raconter mais d'expliquer quels chemins nous ont menés à proposer ensemble cette formation d'équicoaching.

Jean-Paul Bérard, instructeur équestre

Il côtoie depuis de longues années le haut niveau en compétition (attelage, concours complet et saut d'obstacles). Il éduque de jeunes chevaux à ces fins. Il forme également des cavaliers professionnels et des moniteurs d'équitation. Une formation complémentaire d'étiopathe équin lui permet de mettre en perspective l'entraînement sportif des chevaux tout en conservant leur intégrité physique. Le regard du biomécanicien s'est donc conjugué avec celui du cavalier et de l'entraîneur pour comprendre les chevaux et, à travers eux, les humains.

"Trente-cinq ans à mener cavaliers et chevaux vers la performance m'ont conduit à faire plusieurs constats. Certains couples fonctionnent d'emblée, d'autres doivent s'ajuster pour se comprendre. En équitation, plus qu'ailleurs, on apprend par l'erreur. Le moindre défaut de position ou de tempo provoque le refus de l'obstacle, la chute. La maîtrise technique n'explique pas tout. Souvent, c'est la personnalité du cavalier, ou du moins son état émotionnel qui bloque la collaboration du cheval. Confusion, frustration, stress se communiquent à l'animal et cette relation commence à pied, dès les premiers contacts. Au fil du temps, je me suis rendu compte qu'en regardant un cavalier approcher sa monture, je pouvais instantanément augurer de ce qu'allait donner la séance à cheval. Mais au-delà, les signes que j'observais chez le cheval me donnaient une lecture assez pertinente du caractère de la personne.

J'ai commencé à m'intéresser dès 2009 à cette pratique naissante du coaching par le cheval qui faisait écho à mes expérimentations empiriques. J'y ai trouvé deux utilisations : résoudre le mal-être ou les difficultés relationnelles de personnes en souffrance qui fréquentaient mes écuries ou qui m'étaient envoyées, justement pour cette raison ; réaliser pour mon compte des tests de recrutement. Souvent, ce fut les deux à la fois.

Je le vérifiai il y a quelques années lors d'un entretien d'embauche pour un poste de cavalier. Le cursus de la candidate lui donnait toutes les compétences pour régler la situation proposée. Je lui ai demandé de faire tourner le cheval dans un espace restreint au pas, au trot, de le faire changer de sens, puis de l'arrêter avec une contrainte absolue : ne pas toucher le cheval. Elle a accompli la tâche avec l'aide d'une chambrière (fouet) sans difficulté. Dans la situation suivante, elle devait réaliser le même exercice mais privée du fouet. Le cheval se trouvait alors dans un rapport direct avec l'autorité naturelle de l'intervenante. Le résultat fut très différent : le cheval restait proche de la cavalière, sans pour autant manifester l'envie d'obéir. Le stress de la situation lorsque l'on est en recherche d'emploi est évident, mais chacun réagit à sa manière. Dans cette configuration, la candidate, perdant toute capacité d'intervention, s'est effondrée en larmes. Alors que l'exercice visait à comprendre son mode de relation aux autres et à repérer ses stratégies comportementales, elle en avait fait un test de compétence. Sentant son inefficacité, la jeune femme avait craqué, sûre de ne pas obtenir le poste. Nous sommes parfois les auteurs de notre propre stress : une erreur de lecture, une faute de positionnement nous font vivre un événement anodin comme une déchirure intérieure qui révèle nos fragilités. Finalement, nous sommes plus souvent effrayés par une projection de ce qui peut nous arriver que par la réalité. Nous promenons nos angoisses en permanence avec nous et le cheval ne s'y trompe pas. Après quelques conseils, la jeune femme obtint du cheval ce qu'elle attendait. Elle avait mesuré l'impact négatif de ses projections sur son efficacité et trouvé les outils pour y remédier.

D'autres rencontres m'ont convaincu des bienfaits du cheval comme médiateur pour soulager le mal-être adolescent. À la demande de sa mère, j'ai reçu une jeune fille au look « camouflage » typique du jeune mal dans sa peau : cheveux hirsutes cachant le visage, vêtements amples dissimulant les formes, grande timidité. La jeune fille souhaitait reprendre l'équitation, abandonnée quelques années auparavant, mais aussi, éventuellement, se découvrir au travers de l'équicoaching. Les situations se succédant, le tableau s'éclaircissait lentement : le manque de confiance en elle et la peur des autres apparaissaient comme les points clés qui empêchaient cette jeune fille de s'épanouir. La rencontre avec un grand cheval athlétique, brusque, et affichant une certaine mauvaise volonté fut un choc. Le cheval se cabrait, plus pour le show que par volonté de nuire, mais notre participante n'en savait rien. Après quelques conseils et beaucoup de patience, elle réussit à calmer le « monstre » et à s'en faire un ami. Un sourire illuminait son visage. La démarche voûtée avait changé, tout comme son regard sur le monde. Elle avait pris conscience de sa capacité à s'imposer aux yeux des autres, sans leur nuire, mais en étant elle-même. Je recevais le lendemain un message de la mère. Sa fille, désireuse de se « relooker », était chez le coiffeur... La confrontation avec le cheval avait provoqué des bouleversements émotionnels et une prise de conscience tels qu'ils avaient permis le changement dans une situation qu'on croyait bloquée.

L'efficacité de l'équicoaching pour redonner confiance dans le domaine professionnel m'est apparue avec le cas d'un ami victime d'un burn-out[1]. Ce cadre supérieur avait été brisé par le stress et la frustration découlant de diktats politiques et d'une charge de travail insurmontables. Dans les situations d'équicoaching, il se révéla très efficace, pressentant l'interaction des paramètres en jeu et les validant par le cheval. La curiosité le poussait à multiplier les situations pour confirmer ou infirmer ses convictions. Enfin, un interlocuteur objectif valorisait sa capacité d'analyse et la justesse de ses stratégies. Le cheval lui donnait une autre interprétation de ce qui s'était passé : les échecs qu'il avait connus venaient de sa méconnaissance de la nature humaine et de son incapacité à faire la part des choses, certainement pas d'un manque de compétence.

L'accompagnement par le cheval, que je peaufinais depuis quelque temps avec l'aide de Laurence, trouvait une application très riche dans les relations humaines en entreprise. Le principe d'une formation fondée sur l'émotion et utilisant le cheval comme médiateur correspondait très exactement à la demande de certaines entreprises. Concepteur de cette approche, après l'avoir testée, j'ai demandé à Laurence de l'enrichir de son expérience et de l'adapter au monde

1. Syndrome d'épuisement professionnel caractérisé par une fatigue physique et psychique intense, générée par des sentiments d'impuissance et de désespoir (source : Larousse).

de l'entreprise. Ensemble, nous continuons d'imaginer des situations pour la faire évoluer en restant au plus près des besoins. Mais avoir une bonne idée et la développer ne suffit pas, il faut aussi la promouvoir. C'est là qu'entre en scène tout le talent d'Arnaud pour la communication, associé à sa connaissance des chevaux depuis quarante ans.

Construire une méthode de formation avec le cheval comme médiateur implique d'être certain de la fiabilité des réponses du cheval. Toute la crédibilité de la prestation en dépend. Une troupe parisienne d'acteurs professionnels m'en a fait la démonstration. Souhaitant une animation, ils m'ont demandé de rencontrer le cheval sous une forme ludique qui ne nécessitait pas obligatoirement de monter sur son dos. J'ai profité de l'opportunité pour tester la capacité d'un acteur à se rendre méconnaissable à un cheval en interprétant un personnage. L'exercice du cheval miroir, à pied dans un rond face à l'animal, permet de découvrir les traits de caractère principaux d'une personne en observant les interactions entre elle et l'animal. Huit acteurs se sont livrés à l'expérience, tous surpris de se reconnaître dans le portrait tiré des réactions du cheval à leur contact. Dans une deuxième phase, j'ai demandé à chacun d'interpréter un personnage, face à un autre cheval, dans des conditions identiques. Le timide devait jouer l'autoritaire, le gentil se parer des défauts de l'acariâtre, etc. Après une réaction d'étonnement systématique de la part du cheval, aucun n'a pu faire illusion plus de trente secondes. L'animal s'est très vite comporté selon la personnalité réelle de l'individu, celle qui avait été identifiée par l'autre cheval dans l'exercice où chacun était lui-même. La réaction d'étonnement vient de la capacité du cheval à percevoir la justesse d'un comportement. Même convaincants, les acteurs jouent un rôle et ne sont pas le personnage. Le cheval perçoit immédiatement la nuance. Contrairement à nous, il ne se laisse pas berner par une attitude de composition."

Laurence Flichy, psychologue

Elle a toujours eu la volonté de croiser ses différentes expériences cliniques, en entreprise et de cavalière-éleveuse. Son stage de quatrième année, lorsqu'elle était étudiante à l'École des psychologues praticiens de Paris, lui a donné l'occasion d'animer des séances d'équitation pour des enfants infirmes moteurs cérébraux, autistes et sourds. Fascinée par l'expérience, elle a réalisé son mémoire de fin d'étude sur la médiation thérapeutique permise par le cheval.

"Le travail avec les enfants autistes a été une révélation. Je percevais chez eux un appel, une soif immense et inextinguible d'entrer en relation sans jamais pouvoir y réussir, comme un insecte bloqué derrière une vitre. L'un d'entre eux était un garçon de huit ans auquel je me suis attachée. Je l'ai vu se laisser apprivoiser par le cheval, accepter progressivement de se rapprocher, de le toucher, de le caresser et même de monter sur son dos. Avec moi, hélas, rien n'avait changé : son regard me fuyait, il ne parlait pas. Un jour, alors qu'il était juché sur le dos du poney et que je me tenais à ses côtés, il m'a violemment attrapé une poignée de cheveux qu'il a soigneusement arrachée. Dépitée, j'ai fait part de cet incident à ma directrice de mémoire. « Mais c'est formidable ! s'est-elle écriée. Rendez-vous compte, cet enfant est sorti de sa prison psychique, il est entré en relation avec vous volontairement, il a exprimé une émotion et vous l'a offerte à vous. » Effectivement c'était un beau cadeau, les chevaux avaient permis ce que des années de thérapies, orthophonie et autres n'avaient jamais réussi à obtenir. Mais cette vocation n'était pas la mienne. Je me suis donc orientée vers le monde de l'entreprise. Les ressources humaines et la formation me semblaient à la fois moins risquées et tout aussi satisfaisantes en matière de réalisation de soi. J'ai choisi une cinquième année de psychologie d'entreprise et intégré le service des ressources humaines d'un grand groupe américain. J'y ai beaucoup appris sur les relations dans le monde du travail, la gestion du stress, les difficultés du quotidien et les joies des projets réussis seul ou en équipe. J'ai découvert de nombreux métiers dans mes fonctions de gestionnaire de carrière. J'ai participé à un passionnant projet d'*assessment center*[1] à destination des hauts potentiels de l'entreprise. Après huit années très riches, j'ai souhaité retrouver une certaine autonomie et réorienter mon parcours : je suis retournée sur les bancs de la faculté pour ensuite créer mon activité de psychologue indépendante."

Quant aux chevaux, c'est une histoire d'amour qui commence très tôt, dans une famille d'éleveurs de pur-sang où les enfants apprenaient à monter en chevauchant à cru des poneys shetlands. La suite passe par quelques manèges réputés comme l'école militaire et l'Athletic Club de Boulogne-Billancourt du bien nommé quai Legallo à Boulogne.

"Puis j'ai rencontré Jean-Paul Bérard et les Écuries du Sagittaire que je n'ai plus quittés. En tant qu'instructeur, Jean-Paul est aussi attentif au travail du cheval qu'à la progression du cavalier. Il m'a personnellement encouragée et accompagnée sur les terrains de concours. J'ai réalisé une partie de mes rêves grâce à la confiance qu'il a su m'insuffler, et j'espère pouvoir en réaliser encore quelques-uns. Je pense qu'il a le même impact comme formateur d'équi-coaching que comme instructeur. Il sait donner la confiance qui permet aux participants de réaliser des exercices avec les chevaux qu'ils n'auraient même pas imaginés.

Enfin, j'observe avec bonheur les bienfaits des chevaux sur mes enfants. Je les ai vus remonter après la chute, prendre sur eux pour oser sauter plus haut, se concentrer pour entrer en communication avec le cheval et lui donner un ordre de façon juste et précise, avec suffisamment de conviction et d'enthousiasme pour que l'animal

1. Pendant trois jours, les hauts potentiels de l'entreprise sont confrontés à des mises en situation sous forme de jeux de rôle. Ils doivent résoudre des problèmes concrets fréquemment rencontrés dans un poste d'encadrement (entretien de recadrage, animation de réunion d'un lancement de produit) tout en étant observés par d'autres managers. L'objectif est de bâtir le plan de formation qui leur permettra de se préparer à leur prochain poste d'encadrement.

accepte d'y obéir. J'ai vu le bénéfice de cette relation sur leur équilibre relationnel et émotionnel, sur leur capacité à s'imposer calmement dans la relation.

La pratique de l'équitation, le contact avec les chevaux et encore plus aujourd'hui avec les poulains que j'élève m'ont tellement apporté que le projet de mêler enfin ma passion pour la psychologie humaine et celle du monde équestre est devenu progressivement une évidence."

Arnaud Camus, conseiller en communication et en formation management pour les entreprises

Cavalier depuis l'enfance, il a découvert adolescent le saut d'obstacles en compétition, activité qu'il a toujours menée en parallèle de sa vie professionnelle. Associé très jeune au lancement du magazine culturel *Les Inrockuptibles*, il a fait connaître la publication à la génération des 18-35 ans dans les années 1990. Après ce succès, d'autres marques commerciales lui ont confié leur implantation dans l'édition d'entreprise : BMW, la FNAC, SFR, Club Med, Audi, Accor... et dans le secteur de la publicité : *Point de vue, La Recherche, L'Histoire, Saveurs...*

"Dès cette époque, j'ai commencé à partager ma vie entre Paris et le Perche, où la rencontre avec Jean-Paul et l'entraînement aux Écuries du Sagittaire ont été riches d'enseignements. J'y ai également fait la connaissance de Laurence. Dans cette région qui nous réunit en plus de bien d'autres choses, j'ai commencé un élevage de chevaux d'obstacles en 1995. Un élevage, c'est une société, au sens d'une entreprise et d'une organisation sociale. Les analogies me viennent constamment lorsqu'au sein de ma société, créée en 2006, j'analyse la culture d'entreprise de mes clients. Dans cette démarche, j'ai mis au point une méthodologie qui vise à révéler les valeurs identitaires des sociétés et le positionnement de leur marque. Dans un deuxième temps, il faut parvenir à les diffuser auprès des collaborateurs pour qu'ils les intègrent et les incarnent. Le déclic s'est produit lorsqu'un DRH m'a demandé de trouver une formation originale, plus efficace que la salle blanche et le PowerPoint, pour rendre ses salariés 100 % perméables au message qu'on leur délivre. L'approche sur laquelle travaillaient Jean-Paul et Laurence m'a paru être la réponse parfaite non seulement à cette demande particulière, mais aussi aux problématiques managériales évoquées par bon nombre de personnes lors de nos entretiens : immobilisme et manque d'efficacité dus aux malentendus, frustrations, tensions, incompréhensions dans leurs équipes... Pour en avoir le cœur net, j'ai observé ce qui se faisait en la matière. J'ai assisté à des démonstrations étonnantes, menées par des cavaliers accomplis, des spécialistes reconnus de l'équitation éthologique. Dans tous les cas, des gens de chevaux souvent remarquables, qui s'intéressaient aux relations humaines dans l'entreprise mais n'en étaient pas des spécialistes. D'où une projection forcément limitée dans l'univers professionnel, sans véritable possibilité d'application concrète de ce qui avait été vécu. Ce tour d'horizon des offres existantes en équicoaching m'a donc convaincu que nous pouvions faire beaucoup en conjuguant nos savoir-faire et nos sensibilités."

2. Les participants

La formation d'équicoaching que nous proposons est reconnue en tant que formation professionnelle par le ministère du Travail. Elle s'inscrit à ce titre dans le cadre des formations dont les salariés peuvent bénéficier à travers les plans de formation des entreprises privées ou publiques.

La première mission d'Arnaud consiste à exposer aux commanditaires – DRH, directeurs de communication, directeurs généraux ou PDG – en quoi consiste une formation d'équicoaching. Même si la plupart de ses interlocuteurs ne connaissent pas les chevaux, ils sont assez rapidement séduits par l'idée de sortir les salariés de leur univers et de leur rôle habituels, de les confronter à un médiateur original qui ne porte pas de jugement mais qui les amène à se regarder et à regarder les autres différemment.

Dans un second temps, il s'agit de définir les problématiques et les besoins du client. Après quelques minutes d'une description souvent angélique de leur société et après avoir dépassé leurs préjugés légitimes sur l'aspect incongru ou folklorique de la participation d'un cheval dans une problématique de gestion de personnel, les langues se délient...

Deux problèmes apparaissent presque systématiquement dans les entreprises : le manque de cohésion et l'absence de créativité. La gestion du stress est aussi évoquée. Plus encore, le déficit de communication au sein des équipes et entre elles constitue souvent un moteur du déclenchement de nos formations. Par ailleurs, il nous est souvent demandé, sous réserve que celles-ci soient retranscriptibles en mode équicoaching, de diffuser auprès des équipes les valeurs de leur entreprise : engagement, proximité, communication, performance.

Les équipes que nous recevons viennent d'entreprises de types et de tailles variables : hôtellerie de luxe, consultants, groupes agroalimentaires, groupes d'édition, entreprise du luxe, de services, industrie pharmaceutique, du monde sportif. Nous avons eu le plaisir d'accueillir entre autres Unilever, S. T. Dupont, le Mandarin oriental Paris, France Loisirs, PMU, Roland Berger, Moneygram...

Les groupes sont volontairement limités en nombre, huit à dix personnes en général, afin de favoriser les échanges et permettre que tous bénéficient de nombreuses mises en situation avec le cheval et d'une attention particulière pendant et après chaque exercice.

La formation s'adresse à tous ceux qui sont en responsabilité de gestion d'hommes ou d'équipes : cadres, comités exécutifs, managers, directeurs des ressources humaines, techniciens, commerciaux et leurs équipes. Les stagiaires n'ont pas toujours l'habitude de travailler ensemble, ils n'ont pas tous le même niveau de responsabilité. Il arrive que les commanditaires eux-mêmes se prêtent au jeu. Libérer la parole en présence d'un supérieur hiérarchique sera parfois moins facile, du moins en début de session. Cependant, nous avons vu combien l'implication du boss permet des avancées remarquables dans le mode du management. Ces variables dans la composition du groupe déterminent une ambiance chaque fois différente, plus ou moins fluide, tendue, productive ou complexe. C'est cette matière première que les chevaux travaillent par petites touches au fur et à mesure de la journée.

Hommes ou femmes, salariés ou dirigeants, familiers des chevaux ou non, les participants se trouvent égaux face à l'équidé car ce dernier perçoit la valeur intrinsèque de l'individu, sans être influencé le moins du monde par des considérations hiérarchiques, sociales ou culturelles. Certains participants n'ont jamais eu de contact avec les chevaux, d'autres les pratiquent de manière habituelle, quelques-uns les craignent, *a priori* ou parce qu'ils en ont un mauvais souvenir. Certes, leur manière d'aborder l'animal sera plus ou moins teintée d'appréhension selon qu'ils le connaissent ou non. Paradoxalement, pratiquer l'équitation ne constitue pas toujours un avantage dans les situations que nous proposons. À sa grande surprise, le cavalier émérite ne fera pas forcément mieux que le néophyte dans le travail à pied. Mais là n'est pas la question, car il ne s'agit pas de réussir ou d'échouer. La manipulation du cheval n'est pas le but. Elle est un moyen de prendre conscience de l'image que l'on renvoie et de trouver en soi les outils pour progresser.

3. Les leviers pédagogiques

Nous proposons aux participants de sélectionner dans une liste d'objectifs ceux qu'ils souhaitent plus particulièrement travailler. Cette liste a été réalisée à partir des besoins de l'entreprise identifiés en amont. Les grands thèmes que nous abordons avec les chevaux concernent la communication, notamment non verbale, la gestion du stress, le leadership et le management, le travail en équipe, la vente et la négociation, la gestion de personnalités difficiles, ou encore la créativité. Le principe de nos journées de formation est d'apprendre par l'expérimentation, et notamment par l'erreur, vecteurs d'apprentissage beaucoup plus efficaces que toute leçon didactique ne s'adressant qu'à notre cognition. Vivre les choses, essayer, rater, refaire, réussir sont des moyens pédagogiques puissants qui donnent un rythme à la journée et garantissent un niveau de concentration maximal.

Notre parti pris est de permettre aux gens de sortir de leur zone de confort sans inconfort : nous les confrontons à un univers inconnu, des êtres différents ayant des codes de communication qu'ils ne maîtrisent pas. Ils vont devoir s'adapter, ce qui n'est possible que par un accompagnement rassurant de la part des coachs. Chacun va alors trouver en soi les ressources pour faire autrement et voir immédiatement les effets du changement d'attitude ou de stratégie.

Travailler dans des registres inhabituels provoque une baisse des défenses psychiques, qui permet d'envisager de nouveaux comportements. L'impact émotionnel du cheval entraîne un relâchement, ce qui explique la fréquence des participants au bord des larmes ou parfois en pleurs. Cela n'est jamais vécu comme une humiliation ou un moment désagréable, mais plutôt comme un soulagement : la possibilité d'exprimer enfin des émotions enfouies depuis trop longtemps.

4. Les règles du jeu

Poser un cadre, comme dans toute formation, est un préalable nécessaire qui établit les règles du jeu. Un contrat est passé entre les participants eux-mêmes, ainsi qu'entre les participants et le coach. Celui-ci a une fonction protectrice et sécurisante. Il garantit un climat de confiance grâce à la définition du périmètre de travail, ainsi que sur l'utilisation de ce qui sera donné par chacun durant la journée.

Discrétion : Ce qui est dit et vu dans le groupe appartient au groupe et ne saurait être révélé à l'extérieur. Notre engagement concernant le respect de la confidentialité est le plus important si l'on espère une implication sincère de chaque participant. C'est pourquoi, dans le récit des expériences qui suit, nous tairons les noms des sociétés et donnerons aux stagiaires des prénoms fictifs.

Disponibilité : À tout moment, chacun a la possibilité de faire appel à l'aide d'un tiers : autre participant ou animateur. Nous observons que ce recours est rarement utilisé. Les individus ont souvent tendance à vouloir se débrouiller par eux-mêmes, même s'ils n'ont objectivement pas la compétence requise. Lorsqu'on les interroge sur leur capacité à aller chercher de l'aide chez autrui dans le contexte professionnel, la situation est souvent identique, comme si demander conseil était un signe de faiblesse. Ainsi, cette petite phrase du début de journée est souvent un élément fort quant à la nécessité d'être lucide sur ses propres limites et quant à l'intérêt de pouvoir faire appel à autrui. C'est aussi un signe intéressant pour un manager car il lui permet de prendre conscience de la possibilité pour ses collaborateurs d'avouer leur incompétence sans se sentir en danger, de travailler en réseau et de développer l'entraide.

Retour d'expérience (feed-back) : Au terme de chaque exercice pratique, chacun est invité à donner une information qui pourra être utile à la personne qui la reçoit, pour l'aider à progresser. Cette notion de feed-back présente des intérêts sur deux plans :

– C'est une occasion d'apprendre à observer. Bien souvent, la nécessité de l'action, l'urgence empêchent les individus de prendre le temps de regarder plus que de voir. Le travail avec les chevaux provoque un hyperdéveloppement de l'analyse visuelle. Le cheval n'ayant pas le langage pour exprimer un inconfort ou une douleur, seuls des signes physiques visuels nous permettent de les identifier. Nous demandons à nos participants de regarder leurs collègues en situation d'exercice et les réactions des chevaux. En général, les premières observations sont assez pauvres, les uns et les autres ne sachant pas "quoi" regarder. Nous constatons de belles progressions sur ce plan au cours de la journée, les commentaires sur les exercices de l'après-midi étant souvent bien plus riches et pertinents.

– Une fois que la personne a noté un comportement significatif, il faut qu'elle apprenne à l'exprimer en donnant du sens, tout en le rendant recevable par l'observé. En général, une remarque positive, un compliment sur un comportement performant ne sont pas trop difficiles à verbaliser. Encore faut-il que les membres du groupe aient suffisamment de bienveillance mutuelle pour le faire de façon sincère. Faire un feed-back sur un comportement inadapté s'apprend. Nous leur proposons de rester le plus factuel possible : décrire le comportement de la personne ou du groupe, la réaction de l'animal ou d'un collègue. Cela permet, sans poser de jugement de valeur, de faire comprendre de façon concrète la dimension inadaptée du comportement à la situation. Ainsi, la personne ne se sent pas remise en cause dans sa valeur propre. Une suggestion d'un autre comportement est toujours proposée pour que la personne puisse immédiatement corriger son action et réaliser qu'elle peut s'améliorer.

Dans ce travail de feed-back, il peut nous arriver de rencontrer des difficultés lorsque certains groupes ne s'entendent pas bien et utilisent l'humour, voire l'ironie et le second degré, pour faire passer des messages. Cette façon de faire peut avoir des conséquences blessantes pour ceux qui en sont l'objet. Notre rôle de coachs est alors d'intervenir pour désamorcer la situation.

Citons l'exemple d'un cadre que nous nommerons Gaspard, venu à Deauville avec ses collègues du comité de direction. Gaspard est un homme brillant intellectuellement, très rapide dans ses analyses, très percutant, mais présentant de grandes difficultés dans la gestion de ses émotions et peu d'empathie vis-à-vis de ses collègues. Nous proposons au groupe de faire exécuter une succession d'exercices à un cheval en liberté, ce qui suppose une certaine répartition des rôles et une bonne coordination. Dans un premier temps, Gaspard se met en retrait. Il observe, les bras croisés, ses collègues se débattre dans un embarras patent. Une des jeunes femmes du groupe se met à la tête du cheval pour le guider, mais manque un peu de conviction, ce qui provoque des hésitations chez l'animal. Voyant cela, Gaspard arrive d'un pas rapide, s'interpose entre la jeune femme et le cheval sans un mot ni un regard pour elle et part d'un pas assuré, entraînant l'équidé derrière lui. L'objectif de performance a été atteint car le cheval a suivi le nouveau leader, mais l'une des membres sort frustrée avec le sentiment d'avoir été tout simplement "court-circuitée" sans égards. Le travail de débriefing a donné lieu à une prise de conscience pour Gaspard de sa difficulté à prendre en compte les autres, là comme dans son quotidien. La jeune femme s'est sentie soulagée que soit perçue sa souffrance de ne pas être écoutée ni reconnue. Une réflexion a pu être menée par le groupe sur ses dysfonctionnements et les nécessités de changer profondément les manières de communiquer. La mise en œuvre des actions correctrices a été assurée par Arnaud dans les mois qui ont suivi.

Responsabilité : Chaque participant est responsable de lui-même. Le non-respect des règles de sécurité entraînera l'arrêt de l'exercice. Un stagiaire peut décider de ne pas participer ou de cesser un exercice à tout moment. La liberté de chacun de participer ou non est un élément très sécurisant, notamment pour les personnes anxieuses. C'est à cette condition que l'on obtient l'adhésion pleine et entière de celui qui entre en piste pour travailler avec les chevaux. À l'heure où nous écrivons ces lignes, aucun participant n'a refusé les activités proposées. Nous avons toujours veillé à accompagner physiquement, parfois de façon très proche, les plus anxieux. Jamais aucun accident n'a eu lieu, même si nos chevaux sont parfois un peu démonstratifs.

Non-jugement : Au même titre que le cheval appréhende sans juger, chacun s'efforce d'adopter un regard de "cheval" vis-à-vis des membres de l'équipe. Cette dimension de "non-jugement" est ressentie de façon forte par les participants, qui nous disent souvent se sentir accompagnés d'un regard suffisamment bienveillant pour oser se dévoiler.

Joker : C'est un avantage donné au participant : il permet à chacun d'avoir la possibilité de reprendre un exercice de son choix au cours de la journée. Ainsi, nous nous sommes tous retrouvés en fin de journée, dans le grand manège de Versailles, avec l'équipe d'un grand palace parisien, à observer Wonnerfee évoluer aux trois allures avec l'énergie qui la caractérise, juste pour le plaisir des yeux. Il était déjà tard, mais personne ne pouvait se résoudre à quitter les lieux et à rompre la magie du moment.

5. Nos partenaires équins

Dans l'élaboration de notre projet de formation, nous avons choisi de travailler avec des chevaux de compétition ou issus de ce secteur, à la fois réactifs, sensibles et sûrs, ayant des profils variés.

Les chevaux venant de nos élevages respectifs ou achetés sur le marché du cheval de sport à des fins commerciales dans leur jeune âge sont entraînés, dressés et habitués à voyager. La découverte d'un lieu inhabituel n'est plus une source de stress pour eux et garantit des réactions normales, non parasitées par l'inquiétude.

Être issus du milieu de la compétition nous permet d'être plus crédibles vis-à-vis de nos interlocuteurs, PME ou grands groupes : nous savons ce que signifient exigence, performance, objectifs, progression, potentiel, valorisation des compétences. La gestion d'un "piquet de chevaux" présente un certain nombre de similitudes avec une équipe humaine. Dans nos activités d'éleveurs et d'entraîneurs, comme dans la sélection des chevaux pour l'équicoaching, nous travaillons en directeurs des ressources équines. Dès lors, il nous est plus facile de conceptualiser le transfert à l'entreprise. Il faut détecter les chevaux d'avenir, faire s'épanouir chacun selon ses talents, savoir récompenser, encourager, motiver selon les besoins de chaque individu, savoir demander avec "justesse, mesure et à-propos[1]". L'un sera plus sensible à une récompense alimentaire, l'autre à une sortie en forêt et un troisième à un temps de liberté avec des congénères. Nous savons d'expérience qu'on peut exiger beaucoup d'un cheval, qu'il peut même se transcender pour son cavalier, à condition que ses besoins soient écoutés, qu'il y trouve une forme d'épanouissement. Comme dans l'entreprise, c'est par le management collaboratif que nous obtenons les meilleurs résultats, les chevaux donnant d'eux-mêmes ce que nous attendons d'eux, car nous avons créé les conditions favorables pour l'obtention du résultat.

1. Général L'Hotte, *Questions équestres*, Plon, 1906.

Enfin, l'entraînement physique et mental imposé par la compétition permet à nos chevaux d'avoir une bonne endurance tout au long de la journée sur le plan de la concentration comme de l'énergie disponible. Nous avons toujours des réactions empreintes de fraîcheur en fin de journée, ce qui garantit le maintien d'un niveau de qualité dans les exercices, quels que soient le nombre de participants et la durée de la formation. Dans l'idéal nous prévoyons cinq chevaux pour dix participants, afin de maintenir éveillée l'attention de nos animaux. Il nous est arrivé pour des questions matérielles de ne disposer que de quatre équidés pour un groupe de vingt personnes. Nos chevaux ont quand même maintenu un haut niveau de prestation jusqu'en fin de journée, même le plus jeune, pourtant âgé de seulement quatre ans.

Ces chevaux sont habitués à communiquer avec les humains, mais à la différence de chevaux de club désensibilisés pour pouvoir convenir à un grand nombre de cavaliers plus ou moins expérimentés, ils sont dans l'écoute de l'homme, apprécient de collaborer et cherchent à répondre à chaque demande de façon très différenciée. Cela représente la garantie d'avoir "une" réponse à un stimulus donné par un participant : une réponse juste, non perturbée par une éventuelle lassitude que pourrait présenter un cheval sursollicité. Ces chevaux, bien que fortement imprégnés par le dressage, sont régulièrement remis en troupeau pour des temps de repos, ils ont ainsi conservé leurs comportements grégaires originels, qui en font tout l'intérêt pour nos exercices. Ils gardent ainsi leur instinct naturel, tout en rentrant volontiers en connexion avec les humains.

Nous connaissons nos animaux, certains depuis la naissance. Nous les sélectionnons d'abord sur un critère de sécurité. Ce sont tous des animaux réactifs mais jamais agressifs. Nous avons quelques équidés dans nos écuries, achetés pour leurs qualités sportives, mais ayant un passé que nous ne connaissons pas toujours qui les rend moins bienveillants ou simplement plus méfiants vis-à-vis des humains. Ces chevaux ne seront jamais utilisés pour de l'équicoaching, même si ce sont d'excellentes montures pour des cavaliers expérimentés. Le cheval d'équicoaching a comme caractéristiques une bienveillance et une attirance naturelle pour les humains qui nous garantissent une certaine tolérance de sa part face à des comportements parfois un peu déroutants pour lui de nos participants néophytes.

Sur notre cheptel d'une soixantaine de chevaux réunissant nos trois écuries, nous avons toujours à notre disposition un échantillon de personnalités variées, qui nous évite de blaser nos partenaires par une répétition trop fréquente de certains exercices.

En fonction du public auquel la formation est destinée, nous adaptons le lot de chevaux. Ainsi nous prévoyons toujours d'emmener un poney affectueux et joueur qui permet d'apprivoiser les personnes anxieuses, grâce à sa petite taille et à son aspect rassurant. Pour faire travailler un comex[1] sur la gestion de personnalités difficiles et le leadership, nous utiliserons les services de personnages dominants, qui obligeront nos participants à puiser dans leurs ressources pour s'imposer. Pour apprendre à gérer le stress d'autrui et le sien, transformer le stress négatif en stress positif, nous emmènerons des personnalités inquiètes, avec lesquelles il faudra établir un lien de confiance fort pour obtenir leur adhésion. Avoir ce panel à notre disposition nous permet de toujours trouver, pour chaque participant, un cheval avec qui la connexion se fera facilement. Parfois, la première impression est la bonne, le coup de foudre agit dès le matin entre l'humain et le cheval. D'autres chevaux sont délaissés dans un premier temps, puis découverts lors des ateliers et terminent plébiscités par le groupe, ce qui donne lieu à une réflexion sur l'importance de l'apparence et de la première impression dans nos préférences relationnelles.

Ainsi, ce qui nous paraissait une dimension essentielle de notre formation par la richesse de ces caractères équins a été également

1. Comité exécutif.

salué par des participants initiés au monde équestre (notamment des salariés d'une chaîne de télévision consacrée aux activités équestres), qui ont apprécié notre piquet de chevaux pour ses qualités de sensibilité et de réactivité : "Vos chevaux ont gardé leur personnalité, ils sont vivants." Les connaisseurs nous font aussi compliment de la condition athlétique et de la beauté de nos chevaux, un paramètre esthétique qui prend toute sa mesure dans le cadre magnifique qui les accueille.

Nous apprécions toujours autant la collaboration des Quentin, Églantine, Orphée, Trazom, Boum, Nakito et autres, qui de jour en jour continuent de nous émerveiller par leur capacité à nous étonner et à nous apprendre sur nous-mêmes. Nous avons également constaté avec surprise que nos chevaux d'équicoaching avaient progressivement évolué dans leur attitude au quotidien, se montrant davantage en demande de connexion avec leurs cavaliers ou cavalières, pour le plus grand plaisir de ces derniers.

6. Les lieux de formation

Le cadre où se déroulent les sessions d'équicoaching joue un rôle fondamental dans la mise en condition des participants. La beauté, le prestige et l'histoire de ces établissements dédiés au cheval qui nous accueillent transportent nos participants hors du temps et loin du cadre urbain de leur quotidien professionnel. Ils ajoutent au sentiment de déconnexion, propice à une plus grande réceptivité.

Le Haras du Pin

Suivant les méandres à travers le bocage, le périple vers le Pin prépare l'esprit et les sens à ce trésor du pays normand. Arrivés la veille au soir, les participants aux séances d'équicoaching découvrent derrière la grille d'honneur la grande cour du petit Versailles du cheval. De part et d'autre, deux bâtiments d'écuries, un rond de sable pour la présentation des étalons et, au fond, ce joli château comme une invitation au rêve. Le Pin vit sa reconversion : devenir un lieu emblématique du cheval dans le XXIe siècle, comme un pont entre la richesse de son passé et les promesses de la modernité. La nostalgie des années d'intense activité (jusqu'à deux cents collaborateurs en activité, des dizaines d'étalons, des centaines de juments, la forge, les attelages, le travail des chevaux) se respire au détour de chaque bâtiment. Le Haras du Pin est un lieu très nostalgique, car il y reste beaucoup d'amour : l'amour des chevaux, du travail bien fait, de la beauté simple d'un harnais rutilant ou d'une prairie fauchée couverte de ballots bien ronds prêts à être rentrés pour l'hiver. Un peu à l'écart du centre névralgique du haras, la salle et le manège qui nous sont réservés permettent d'être parfaitement au calme tout en percevant l'activité équestre, les cavaliers et voitures attelées passant sous nos fenêtres à l'aller et au retour de l'entraînement. On pourrait presque comparer l'atmosphère du Pin à celle d'une abbaye bénédictine. On y trouve une forme de recueillement, favorisé par un emploi du temps immuable réglé sur le rythme de vie des chevaux et les cycles des saisons. Nous sommes particulièrement attachés au Pin et le quittons toujours à regret, autant pour le confort de travail qu'il nous offre que pour le charme qu'il exerce. Au terme d'une journée bien remplie, les participants tardent aussi à partir. Longtemps, les sons, les odeurs et la beauté du cadre composent des images sensorielles puissantes, indissociables des émotions vécues aux côtés du cheval.

Les Grandes Écuries du château de Versailles

Le contraste est frappant entre le tumulte de la ville et la quiétude de ce sanctuaire de l'art équestre préservé depuis trois cents ans. La vue sur le château au travers de grandes baies offre un décor grandiose. Le manège parfaitement hersé, éclairé par de grands lustres à la lumière tamisée donne l'impression d'entrer dans un lieu sacré où les grands miroirs sont comme un rappel d'une certaine galerie de l'autre côté de l'avenue. Ici, le cheval a une place de roi. Les premiers tours de piste dans ce manège furent pour nous un moment particulièrement marquant. Se projeter trois cents ans en arrière en regardant nos chevaux se délier les jambes avant leur journée de travail dès l'aube, imaginer à leur place les chevaux royaux montés par les princes du sang est une expérience inédite. Cet ensemble voulu et réalisé par Louis XIV, rendu à sa vocation première de conservation de l'art équestre français depuis quelques années, garde toute sa majesté d'antan. L'école équestre avait deux missions auprès des jeunes gens de la noblesse du XVIIe siècle : l'apprentissage de l'équitation qui, de guerrière, devient de plus en plus une équitation d'art qui se met en scène ; la formation de l'esprit et du caractère, exigeant de l'enfant qu'il domine ses appréhensions pour imposer sa volonté à l'animal tout en respectant son intégrité. En ce sens, la pratique de l'équitation incarnait les prémices de l'exercice du pouvoir, forgeant le caractère et la volonté des princes. Ainsi, déjà à cette époque, le cheval avait un rôle de formateur pour les futurs dirigeants de la société.

L'École de Versailles était une institution vouée à l'excellence, comme en témoigne le général L'Hotte[1] : “Dans ce manège, les plus grands soins étaient donnés à la rectitude, à l'élégance de la position, à ce point qu'il suffisait de voir passer un cavalier sortant de cette école pour pouvoir dire : « C'est un élève de Versailles. »”

1. Général L'Hotte, *Un officier de cavalerie*, Plon, 1905, p. 144.

À cette époque, on disait : "Celui qui n'est pas bel homme à cheval ne peut être bon homme de cheval."

Cette excellence reste un maître mot aujourd'hui, tant pour l'Académie équestre que pour les formations d'équicoaching. L'histoire et la beauté du lieu nous l'imposent. La qualité des activités proposées se doit d'être à la hauteur du cadre, chacun sublimant l'autre.

Le Pôle international du cheval de Deauville

Pommiers, prairies, chaumières à colombages et magnifiques haras bordés de lisses blanches annoncent le pays des champions. Sur la plage, au petit matin, les chevaux s'entraînent. Sur la piste d'herbe, l'après-midi, ils courent vers la victoire. Tous les ans, les ventes de yearling (poulains pur sang d'un an) attirent les plus grandes fortunes. Ce monde des courses a entraîné dans son sillage celui du saut d'obstacles et du dressage, grâce au dynamisme du Pôle international du cheval. Des compétitions de niveau national et international y sont régulièrement organisées. Dans ce lieu, très moderne et fonctionnel, tout est pensé pour le bien-être du cheval et du cavalier : grands box clairs dans des écuries aérées l'été et calfeutrées l'hiver, douche sur tapis de caoutchouc pour éviter les glissades, lampes infrarouges pour le séchage et la décontraction des muscles du dos des chevaux, immense manège au sol hersé quotidiennement, vastes carrières, ronds de longe, marcheur... Nos formations se déroulent dans une salle multimédia dotée des technologies de pointe permettant une animation optimale. Le petit manège mis à notre disposition est particulièrement lumineux du fait de grandes ouvertures sur trois côtés. Deauville est donc un lieu qui réunit dépaysement et détente tout en proposant des conditions de travail idéales par leur confort et leur modernité. Nous proposons aux équipes d'arriver la veille et de profiter d'une soirée privilégiée : Geneviève Mégret et Joëlle Mestrallet, respectivement propriétaires des haras de Clarbec et de la Morsanglière, nous offrent une visite guidée de leurs installations parfaites et une présentation des cracks qui font la réputation internationale de la France dans le monde équestre. Découvrir le top niveau de l'élevage et de la compétition par le biais de leurs ambassadrices trouve une résonance particulière auprès d'un public en quête de performance et d'optimisation des potentiels.

3

MORCEAUX CHOISIS :
ANALYSE DE SÉANCES D'ÉQUICOACHING

Jusqu'ici, les preuves des bienfaits du cheval comme médiateur tant thérapeutique qu'à des fins de développement personnel ou de formation au management sont nombreuses et unanimement reconnues. Or, au-delà du constat, il semble difficile d'expliquer la nature des mécanismes psychiques à l'œuvre. Pourquoi le cheval a-t-il un impact si puissant? Pourquoi provoque-t-il tant d'émotions, jusqu'aux larmes parfois? Pour comprendre les phénomènes observés, essayons d'analyser sur un plan plus psychologique, voire psychanalytique ou même philosophique, la relation entre l'homme et le cheval telle que nous l'observons durant les sessions de formation.

De notre point de vue, une partie de la réponse se trouve liée à la symbolique du cheval dans l'inconscient collectif et dans notre imaginaire. Cette symbolique qui peuple nos mythes fondateurs, notre culture livresque et cinématographique est d'une grande richesse et remonte à la nuit des temps. Elle est donc associée à des registres émotionnels parfois très archaïques. La richesse de la symbolique du cheval réside dans le fait qu'il représente l'archétype des contraires : la mort et la vie, la masculinité et la féminité, la sublimation et l'impétuosité du désir, le temporel et le spirituel, le feu et l'eau, la terre et le vent. Chacun peut donc y projeter son monde intérieur, ses conflits psychiques, ses représentations, en fonction de son histoire. Qui y verra sa mère, qui se confrontera à un supérieur hiérarchique, qui voudra apprivoiser l'enfant. Personne ne pourra rester indifférent face à l'animal, tant notre relation avec lui est empreinte de nos fantasmes. Étant lui-même neutre, c'est-à-dire sans *a priori*, sans jugement de valeur, il ne parasitera pas la relation par son propre inconscient (comme le ferait un thérapeute ou un coach humain). Toutefois, sa qualité d'être vivant avec sa personnalité propre le rend plus interactif qu'une planche de Rorschach (test dit des taches d'encre), permettant à une dynamique relationnelle et émotionnelle de se mettre en place. Il offre une large palette de jeux possibles, par sa capacité à accepter ou refuser le lien proposé par l'homme. La variété de personnalités de nos chevaux va permettre ainsi de choisir la dimension que la personne voudra explorer, en fonction de son histoire, de ses difficultés, des axes de progression qu'elle aura définis. Travailler ou jouer avec le cheval permet de passer de l'activité symbolique (opérée dans un test projectif classique) à une mise en scène dans le réel, favorisant l'établissement d'un lien immédiat entre le principe de plaisir et le principe de réalité.

La journée d'équicoaching telle que nous l'avons conçue se déroule selon une trame toujours identique sur laquelle nous adaptons des exercices en fonction de la problématique de l'entreprise et de la demande de cette dernière.

Les participants à la formation étant le plus souvent tout à fait ignorants du fonctionnement du cheval, il est nécessaire de consacrer du temps à la compréhension de l'animal. Ce temps d'apprivoisement est un préalable obligatoire à la réalisation d'exercices plus complexes, que nous abordons dans un deuxième temps.

Un des premiers effets marquants de l'équicoaching et qui fut une surprise pour nous tous, malgré nos années d'expérience avec les chevaux, est la capacité de l'humain à surmonter sa peur initiale et à se dépasser lorsqu'il est dans un contexte sécurisant. De nombreuses personnes expriment d'emblée une appréhension à l'égard des chevaux. Certaines sont même très réticentes à s'en approcher et très dubitatives quant à l'intérêt d'un travail avec eux. Nous sommes nous-mêmes très conscients du danger potentiel. Nous ne le minimisons pas et nous anticipons les risques pour chaque exercice afin qu'il s'effectue dans les meilleures conditions de sécurité.

Lors d'une de nos sessions au Haras du Pin avec une société spécialisée dans la fabrication et la vente de produits de luxe, une de nos participantes, que nous nommerons Félicie, appréhendait beaucoup de s'approcher du cheval. À proximité de Tina, jument pourtant extrêmement douce, le simple fait de tendre la main pour toucher le cheval provoquait chez la jeune femme des tremblements incontrôlables. Félicie était toutefois attirée par l'animal, souhaitant réellement établir le contact. En réponse à notre questionnement, elle nous a raconté un mauvais souvenir d'équitation dans son enfance, sa monture étant rentrée à l'écurie de son propre chef et à une allure totalement incontrôlée. Félicie a pu dans un premier temps toucher Tina, ce qui lui a procuré du bien-être grâce à la douceur et la chaleur émanant de la robe soyeuse de la jument. Elle a participé de plus en plus volontiers aux activités. Lors des premiers exercices en équipe, elle gardait une distance respectueuse vis-à-vis de l'animal, tout en étant impliquée dans le travail de groupe. En fin de journée, la distance entre elle et le cheval en liberté dans le manège s'était considérablement réduite, son visage souriant et son attitude détendue étaient les témoins d'un apprivoisement mutuel. Lors des échanges de la fin de formation, elle faisait partie des deux ou trois personnes du groupe à déclarer son souhait de ne pas en rester là et de se reconnecter au monde équestre dans sa vie personnelle. Cette anecdote montre à quel point la mémoire émotionnelle peut nous déborder, malgré toute notre volonté de nous raisonner. Félicie voulait s'approcher de la jument et son corps, lui, refusait. Il a fallu l'accompagnement des coachs, la sécurisation apportée par ses collègues et toute la progression de la journée pour pouvoir substituer une nouvelle histoire aux mauvais souvenirs.

Face au cheval ou monté sur son dos, la question de la peur est toujours présente. L'histoire de la relation entre les hommes et les chevaux est ambivalente : notre fascination pour l'animal est issue d'un mélange de crainte et d'attirance. L'équitation est un sport à risque, la chute peut être violente, mortelle ou invalidante, comme l'illustre *En équilibre*, film sorti en 2015, relatant de manière romancée l'histoire du cascadeur équestre Bernard Sachsé, resté paraplégique après un accident sur un tournage. Il est pertinent de craindre cet animal, qui peut peser jusqu'à dix fois notre poids, dont l'influx nerveux rend les réactions imprévisibles et d'une rapidité fulgurante. Un néophyte verra volontiers cette bouche emplie de dents et ces jambes armées de sabots prêts à voler dans sa direction comme une menace redoutable. Peut-être aura-t-il en tête des images de combats d'étalons, ponctués de coups, de morsures et de cris effrayants.

La littérature de l'époque de la traction hippomobile évoque aussi la dimension mortifère et dangereuse du cheval. Le terme "emballé" dont on pouvait user pour un attelage roulant à "tombeau ouvert" se dit aujourd'hui d'un réacteur nucléaire ou d'un moteur fou, tout aussi dangereux.

La crainte sous-jacente reste celle de la perte de contrôle de l'animal. Dans l'interaction avec ce dernier, cette crainte peut faire écho à nos propres difficultés et à nos peurs liées à l'absence de maîtrise de nos pulsions. Dans notre exemple, Félicie a vécu une forme de traumatisme qui a cristallisé cette idée inconsciente que le cheval peut nous détruire.

Nous sommes donc confrontés à des peurs plus ou moins raisonnées et raisonnables, plus ou moins contrôlées ou contrôlables. Il peut s'agir d'événements traumatisants survenus dans le passé de la personne ou d'un proche (accident, chute, morsure...). Ces peurs viennent parfois d'un imaginaire et de fantasmes liés à la symbolique du cheval, en référence avec tout ce qu'il peut représenter dans le psychisme de chacun. La peur liée au vécu fantasmatique de l'individu est la plus difficile à surmonter car elle n'a pas d'ancrage dans la réalité. Il est difficile de lutter contre une idée. Les personnes traumatisées par une expérience bien réelle dans leur relation avec les chevaux sont plus faciles à "guérir" car nous proposons une forme de troc : nous allons échanger leur réalité négative contre une autre, agréable et positive. La présence d'autres personnes vivant la même chose aura un effet de renforcement et de sécurisation qui va permettre à la personne anxieuse d'oser vivre quelque chose de différent.

1. Se connaître soi-même

Nos chevaux étant nos partenaires, il nous a paru judicieux de commencer la journée par une rencontre, pour faire connaissance. Les chevaux sont attachés en ligne dans le manège. Les participants disposent d'une fiche avec la photo de chacun et son nom. Nous leur demandons de classer simplement par ordre de préférence leurs partenaires à quatre jambes. Certains gardent leurs distances et observent, d'autres se précipitent pour caresser l'un ou l'autre. Les questions fusent : âge, sexe, race. Cette première rencontre et le classement proposé permettent de créer l'envie, de susciter la curiosité des participants.

L'objectif, dès le début de la journée, est de leur proposer une approche décisionnelle en décalage avec le fonctionnement rationnel dont ils ont l'habitude (ni tableau de chiffres, ni compte rendu d'expert). Ils ne possèdent aucun élément autre que leur perception subjective pour faire un choix. Il leur faut utiliser leur intuition, se fonder sur leur "feeling". Ce moment est déjà très instructif sur la capacité d'adaptation des individus. L'exercice est naturel pour certaines personnes, elles y trouvent visiblement du plaisir. Le classement est effectué rapidement, sans inquiétude et en autonomie. Ce comportement révèle une aisance dans l'écoute de ses intuitions qui conduit ces personnes à les utiliser volontiers dans un processus décisionnel.

À l'inverse, certains se tournent vers nous à la recherche d'informations supplémentaires. Leurs questions expriment le doute, voire une remise en cause de l'intérêt de l'exercice. Nous les sentons décontenancés, désarmés devant la nécessité de mobiliser des compétences qu'ils pensent ne pas avoir. Leurs processus de décision habituels sont fondés sur le contrôle et la maîtrise de données, venant peut-être compenser un doute sur la fiabilité de leurs intuitions. La discussion animée par Laurence autour de cette première rencontre permet d'abord à chacun d'identifier son mode de fonctionnement. Le rôle du coach est d'aider à faire le lien avec des situations concrètes de la vie professionnelle dans lesquelles les personnes ont intérêt à utiliser leur intelligence émotionnelle. Les participants évoquent souvent des entretiens de recrutement ou des premières rencontres avec un client potentiel.

Un deuxième intérêt de cet exercice est de révéler le système de valeurs qui préside à nos choix, sur un plan individuel. Cette première étape du choix d'un partenaire équin esquisse déjà quelques traits de caractère. Des personnalités prudentes, timides ou en quête de confort choisissent Églantine, ponette rassurante par sa taille. Le choix de Wonnerfee, plus dominante et compliquée, révèle un sens du défi. Dans une projection narcissique, un animal imposant, décrit comme dominateur, attire des candidats désireux d'affirmer une autorité hiérarchique. Ici s'esquisse une autre image du cheval dans notre inconscient collectif, celle d'un faire-valoir, d'un signe de puissance ou de prestige. Le cavalier domine le piéton. Sa monture lui confère un sentiment de supériorité. De l'Antiquité à nos jours, il reste la représentation par excellence de l'homme de pouvoir. Les membres de la noblesse aiment se distinguer des roturiers par leur maîtrise à cheval, acquise dès le plus jeune âge dans les académies équestres, véritables grandes écoles de l'époque. Car métaphoriquement, la maîtrise du cavalier désigne son talent politique. L'art équestre est un art de gouverner les hommes. Et s'il ne les monte pas, l'homme de pouvoir manifeste aussi son prestige par la possession de beaux chevaux. En témoignent les écuries de course des princes et grands patrons, de l'Aga Khan à Jean-Luc Lagardère. Quant à la pratique ancestrale du cadeau diplomatique d'un beau cheval, elle reste d'actualité. On se souvient de l'Akhal Téké offert au président Mitterrand par son homologue turkmène, et plus récemment du couple de chevaux barbes, cadeaux de Bouteflika à François Hollande. Enfin, les chefs d'État ne manquent jamais une occasion de se montrer à cheval, de Reagan à Poutine, en passant par Kadhafi, ou même Nicolas Sarkozy chevauchant un camarguais lors de la campagne de 2007. La symbolique politique du cheval trouve une résonance certaine dans les rapports de hiérarchie. Le cheval, attribut du pouvoir et vecteur d'autorité, peut-il laisser indifférent un manager soucieux de ses talents de leadership ? Or, justement, les coachs ne délivrent aucune information préalable sur le caractère des chevaux. Le choix d'un cheval dominant ou docile se fait donc sur des critères plus ou moins conscients. Après, seulement, la discussion avec le coach permet de les mettre en évidence. Nous les aidons à identifier les raisons qui ont guidé leur choix : "Orphée m'a paru calme et douce", "Troubadour est à la fois beau et impressionnant", "J'ai choisi Boum parce qu'il est venu vers moi et qu'il a cherché à attraper ma feuille"... Certains sont influencés par l'attitude du cheval (son agitation ou son calme, des signes de curiosité vers l'humain ou une indifférence), d'autres sont attirés par une apparence physique flatteuse (taille, robe, musculature).

Le travail sur le choix nous permet également de recueillir des informations sur le groupe et nous pourrons assez vite faire le lien avec l'attitude managériale de ses membres et la culture d'entreprise.

Nous avons observé à plusieurs reprises que les collaborateurs d'entreprises dont l'objet est la fabrication et la vente de produits très haut de gamme choisissent en priorité les chevaux les plus "beaux", signe d'une certaine culture d'entreprise valorisant l'esthétique d'un être ou d'un objet, cette culture étant plus ou moins consciente pour ces personnes. Lorsqu'on leur fait remarquer qu'elles ont en majorité choisi Wonnerfee ou Troubadour, elles manifestent un certain étonnement face à cette homogénéité de choix intuitif. Souvent, cette première sélection se révèle peu pertinente au travers des exercices proposés. Avec l'aide des coachs, les participants se rendent compte que des critères uniquement esthétiques trouvent rapidement leurs limites. En fin de journée, ils trouvent dans des chevaux moins "tape à l'œil" des partenaires plus coopératifs, révélant ainsi d'autres valeurs peut-être plus importantes pour eux. C'est alors l'occasion d'une réflexion en équipe sur le système de valeurs qui anime l'entreprise et sur les messages qu'il leur paraît important de véhiculer.

Le cheval miroir

L'exercice proposé à tous les participants s'appelle le "cheval miroir" : chacun descend à son tour dans le manège à la rencontre du cheval qu'il a choisi. Jean-Paul demande au participant de faire marcher le cheval au pas, puis au trot, dans un sens, puis dans l'autre. Et enfin de l'arrêter. Il ne peut pas toucher l'animal mais il peut utiliser une chambrière (sorte de fouet). La difficulté de l'exercice tient au fait que le cheval est totalement libre de ses mouvements. La réussite repose sur la capacité de l'individu à expliquer au cheval ce qu'on attend de lui et à le convaincre de le faire. Toutefois, au-delà de la réussite de l'exercice, l'objectif est de révéler notre impact sur le comportement de l'animal. C'est précisément la lecture des signaux corporels renvoyés par le cheval en interaction avec la personne qui permettent à Jean-Paul de faire son portrait.

Avant de travailler sur soi, il nous paraît important de mieux se connaître. Pour cela, les équidés sont de remarquables partenaires. Par leurs attitudes corporelles, ils indiquent ce qu'ils perçoivent comme caractéristiques majeures de la personne. Dans l'interaction entre l'humain et l'équin, nous distinguons très vite les principaux traits de personnalité d'un individu. La réponse du cheval est juste. L'individu ne peut pas tricher pour obtenir ce qu'il veut, il est obligé d'être lui-même. Un traitement d'équidé met chacun sur un pied d'égalité. Que vous soyez chef d'entreprise ou manœuvre sur un chantier, le cheval percevra votre valeur intrinsèque, sans se faire influencer le moins du monde par des considérations sociales ou culturelles. Par ailleurs, une particularité du cheval est de réclamer avant toute chose de la sincérité dans nos comportements. Il manifeste un véritable malaise lorsqu'il perçoit un décalage entre les choix stratégiques d'un individu et sa vraie personnalité. Nous observons des stratégies très variées qui vont de la séduction à la menace en passant par la stimulation ludique ou la suggestion par l'exemple. Le succès ne tient pas tant à la technique employée qu'à la force de conviction et à la cohérence qui la sous-tendent.

En ce matin d'hiver, un groupe d'une dizaine de personnes prend place sur les gradins du Manège royal de Versailles pour regarder le premier d'entre eux tenter l'exercice du cheval miroir. Après avoir flatté l'encolure du cheval pour une prise de contact, au milieu du manège, Jérôme s'en écarte. Pour le mettre au pas, il procède calmement. Il prend le temps d'établir un lien, ne cesse de parler au cheval, de le stimuler. Son déplacement, actif et fluide, est cohérent avec le ton de sa voix. L'attention du cheval est maintenue (il suit le participant dans toutes les directions, l'encolure détendue en signe de décontraction, sans manifester la moindre inquiétude). Pour obtenir le trot, Jérôme court à reculons devant le cheval, redouble de stimulations vocales et claquements de langue. Il se donne beaucoup de mal, mais rien n'y fait : le cheval le suit tranquillement, toujours au pas. L'exercice prend fin et Jean-Paul fait le compte rendu de ce qu'il en a tiré. Jérôme a recherché la complicité plutôt que d'user d'autorité. Le cheval est resté connecté au participant tout au long du travail, signe que Jérôme possède un respect des autres et une capacité d'entraînement. Toutefois, il n'a pas réussi à obtenir le trot. Déçu, il a cessé de stimuler le cheval, s'est brutalement désengagé de la relation. Il n'a pas cherché à changer de style de comportement. Ayant "fait de son mieux" de son point de vue, il a eu du mal à comprendre que le cheval ne réponde pas à hauteur de ses attentes. Cela a été l'occasion pour lui de réaliser que l'absence de réponse d'autrui n'est pas forcément signe de mauvaise volonté, mais que sa méthode pour l'obtenir doit nécessairement s'adapter aux besoins de l'autre. Après l'exercice et le commentaire de Jean-Paul, nous l'invitons à réfléchir aux liens possibles avec son mode de fonctionnement au travail. Jérôme reconnaît qu'il a du mal à se remettre en question lorsqu'il n'obtient pas la réponse qu'il attend. Il a tendance à insister sur le même mode, puis à abandonner. Il cherche rarement à faire autrement. Avec nous, il émet l'idée de tester dorénavant différents comportements avec ses collaborateurs pour définir lequel correspond le mieux à chacun.

Matthieu, quant à lui, fonctionne sur le registre de l'intuition et de l'humour à double sens. Son souci du regard des autres, avec une tendance à l'autodérision, limite son implication dans l'exercice. Ses yeux se posent tour à tour sur le cheval et sur les spectateurs. Par ses commentaires humoristiques sur ses efforts, Matthieu semble vouloir masquer une certaine tension. Après avoir volontiers suivi son partenaire sur un demi-tour de manège, le cheval s'arrête, prend une autre direction et renifle un crottin. Il se désintéresse de Matthieu.

Le cheval n'a pas compris que l'homme passe alternativement d'un lien fort avec lui à une relation de représentation avec le public. Jean-Paul a encore vu juste : Matthieu reconnaît là une attitude qui déconcerte parfois ses collaborateurs et crée une distance qu'il ne souhaite pas.

Nathalie, autre participante de la journée, adopte d'emblée un comportement qui semble autoritaire et affirmé pour les observateurs humains. Elle communique ses ordres sur un ton sec et sonore et s'agite.

Pourtant, cela ne fonctionne pas, la jument n'obtempère pas. Elle regarde Nathalie mais reste immobile. À ce stade, Jean-Paul suggère que Nathalie s'est forcée à se montrer directive. D'après la réaction de la jument, il perçoit que la jeune femme cherche en permanence à renforcer le lien affectif et manque de confiance en elle. Orphée, la jument qu'elle a manipulée, a ressenti la contradiction intérieure : Nathalie se voit différente (affirmée dans la relation) de l'image qu'elle donne (vulnérable). Son comportement n'est pas cohérent avec sa réalité intérieure. Pour obtenir des résultats, elle est obligée de “surjouer”. Orphée n’a pas reconnu Nathalie dans la manière dont elle a tenté d’imposer sa volonté. Elle a refusé de coopérer. À la lumière de ce qu’elle entend, Nathalie comprend mieux certaines réactions de son entourage et ses difficultés à s’imposer dans son travail.

Chacun joue plus ou moins un rôle en société. Il arrive aussi que le regard des autres nous rende prisonniers d’un personnage. C’est particulièrement vrai dans l’entreprise, où l’image, volontairement construite ou subie, est porteuse d’enjeux. Elle confirme ou infirme un statut, détermine des rapports hiérarchiques, favorise ou bloque une progression. Le cheval ne s’y laisse pas prendre : en captant la véritable nature de la personne en face de lui, il met en évidence le décalage entre l’image affichée et le caractère réel. La révélation a souvent un effet libérateur.

Parmi les nombreux exemples de participants “démasqués”, nous pouvons citer l’histoire de Kevin, technicien dans une entreprise de service informatique. Kevin est arrivé en stage en présentant par son aspect extérieur (coiffure, vêtements, tatouages et autres) une volonté d’impressionner son entourage, sur un mode très viril. Le verbe haut, il affichait une grande confiance en lui. Il apparaissait un peu blasé et peu impressionnable. Kevin a rencontré Nakito, grand selle français de presque 800 kilos. Ses gros muscles et sa ceinture noire de judo avaient peu de chances d’être utiles face à notre bon géant à quatre jambes. Nakito a lu immédiatement derrière le masque. Généralement, face à un tempérament autoritaire, l’animal prend de la distance. Nakito a fait tout le contraire, il est venu coller sa tête contre le visage du participant. Ce dernier avait beau s’éloigner et donner des ordres pour remettre le cheval en mouvement, Nakito le rejoignait systématiquement et ne bougeait plus. Jean-Paul souligne alors la dimension affective du caractère de Kevin, lequel se montre d’abord un peu vexé d’être si vite percé à jour, puis il finit par admettre son côté tendre. Que cette révélation vienne du cheval la rendait plus facilement acceptable. Elle n'était pas le fruit d'un jugement de ses pairs mais le ressenti d'un interlocuteur neutre. Kevin a été "découvert" sans se sentir en danger. Il n'avait plus besoin de jouer son rôle. Lorsqu'on lui a proposé de recommencer la prestation, en lui donnant cette fois quelques conseils pratiques (positionnement vers l'arrière du cheval pour l'inciter à se porter vers l'avant), Nakito a marché et trotté, dans une très grande écoute et dans la proximité. Le cheval a fait confiance à Kevin lorsqu'il a été lui-même, avec sa sensibilité et sa vulnérabilité, qui ne l'ont pas empêché de réaliser les exercices. Au contraire, en étant lui-même, il a obtenu beaucoup dans une grande complicité avec l'animal. Cette découverte a été une révélation. Kevin a déclaré avoir ressenti un "coup de foudre" pour le cheval et a demandé à passer un peu de temps avec lui en fin de journée.

Lors d'un coaching d'humain à humain, soit le contact se passe bien et l'aventure se présente sous les meilleurs auspices, soit les personnalités ne s'accordent pas. Dans ce dernier cas, quelle que soit la pertinence des propositions, la probabilité qu'elles soient prises en compte par le participant est très limitée. Introduire un tiers qui n'est lié à aucune des parties et qui ne place aucune attente dans la rencontre permet que les observations faites sur le terrain soient étudiables sans stress ni ressentiment. La position intermédiaire du cheval facilite l'acceptation d'un feed-back. Pour le coach, c'est un moyen de rester factuel et de limiter les interprétations subjectives.

Une autre perception que les gens peuvent avoir des chevaux est sa dimension maternelle et protectrice, liée au portage, à la douceur de son poil, à son odeur et à sa chaleur corporelle. Kevin n'a pas été le seul à exprimer un sentiment de fusion avec l'animal, intense et apaisant. Par sa sensibilité et son mode de fonctionnement, le cheval nous permet de retrouver un état d'hyperréceptivité qui explique sans doute le fort impact de ce médiateur hors du commun. Notre cortex cérébral se met au repos pour laisser la place à la mémoire émotionnelle et au système limbique, responsables du ressenti et de la gestion de nos émotions. Kevin a vraisemblablement vécu ce bien-être. Le désir de passer du temps avec le cheval a révélé le besoin de prolonger cet "état de grâce".

La charge affective inconsciente inhérente à notre relation avec le cheval explique sans doute en partie son talent pour faire tomber très rapidement les masques et les rôles que se croient obligées de tenir les personnes. En somme, nos participants découvrent qu'il n'est pas dangereux d'être authentique avec le cheval, il est même beaucoup plus confortable de l'être. Cette reconnexion avec soi-même est facteur d'apaisement et de renforcement de la confiance en soi. Les personnes utilisent alors un vocabulaire significatif de sentiment de bien-être, de sécurité, d'apaisement.

D'autres rencontres montrent l'efficacité du cheval à révéler aux individus l'image qu'ils renvoient. En prendre conscience est parfois un choc. C'est le point de départ pour un changement quelquefois salutaire. Ce qui frappe les observateurs comme les participants est la différence de réaction d'un même cheval face à deux personnes qui se succèdent. Nous pouvons citer l'histoire de collègues, Annie et Joséphine, toutes deux cavalières expérimentées. Nous leur avons proposé l'exercice du miroir avec Wonnerfee. Lorsqu'Annie est entrée dans le manège, la jument a levé la tête, les oreilles tournées vers elle, attentive. Annie s'est munie de la chambrière, a calé son pas sur celui de la jument, qui s'est rapidement mise au trot, puis au galop, en conservant un maximum de distance avec Annie : elle était le plus près possible du mur. Ensuite, il n'a pas été facile pour Annie d'arrêter la jument, qui refusait systématiquement le rapprochement.

Joséphine est entrée à son tour, a pris la chambrière et a parlé à Wonnerfee. Cette dernière s'est approchée, le nez vers la sciure, d'un pas relâché. Il a fallu à Joséphine beaucoup d'énergie et de nombreuses sollicitations pour obtenir quelques foulées de trot de la part de la jument, qui s'obstinait à rester à proximité et au pas.

Après ces observations, nous avons fait part à l'une et à l'autre de ce que révélait le comportement de la jument : pour Annie, un leadership fort, une grande autorité naturelle, mais aussi une difficulté à faire preuve d'empathie dans la relation, un besoin d'atteindre les objectifs, sans toujours prendre le temps d'écouter l'autre ; pour Joséphine, une grande bienveillance dans la relation, une aptitude à créer du lien, à mettre les gens en confiance et une difficulté à les activer pour atteindre les objectifs. Cette description de leur mode de fonctionnement leur correspondait trait pour trait dans leur quotidien professionnel, ainsi qu'elles l'ont reconnu et d'après ce que nous ont dit les autres membres de l'équipe à la fin de l'exercice. Nous avons pu parler avec chacune de leurs talents, des aspects de leur mode de fonctionnement à travailler. Elles ont réalisé à quel point elles étaient complémentaires et comment elles pouvaient s'apporter mutuellement par leur style de management. Dans cette situation, le comportement du cheval les a particulièrement marquées, d'autant plus qu'elles ne pouvaient se réfugier derrière un argument en lien avec une éventuelle méconnaissance de l'animal. Sur le plan technique équestre, elles avaient le même bagage, on leur a proposé de travailler avec la même jument. La seule variable dans cette expérience était leur personnalité et l'image perçue par les autres.

Une des demandes récurrentes des participants aux séances d'équicoaching serait d'avoir une grille de lecture des signes émis par le cheval. Les oreilles couchées vers l'arrière et plaquées signeraient la menace, le sabot qui gratte au sol témoignerait de l'impatience, etc. Mais comme la fièvre ne permet pas d'identifier spécifiquement une maladie, le cheval ne se lit pas signe par signe. C'est en croisant le plus de paramètres possible que l'on a des chances de décrypter justement sa sémiologie. Seules de longues heures d'observation passées aux côtés des chevaux permettent de prendre en compte un maximum d'informations, de les hiérarchiser, de les analyser pour espérer interpréter intelligemment leur comportement. L'humilité impose de reconnaître que cet exercice d'interprétation n'est pas une science exacte.

L'effet miroir du cheval ne se limite pas à ce premier exercice du matin. Il opère tout au long de la journée. Toutefois, c'est à ce stade que la démonstration est la plus frappante. Et même percutante, si l'on en croit les commentaires des participants et de leurs collèges, "bluffés" par la justesse de l'analyse de Jean-Paul.

Ce premier exercice change totalement l'ambiance dans l'équipe. C'est l'instant où les individus lâchent prise, se laissent entraîner dans un désir de complicité avec le cheval, une curiosité immense pour ce qu'il va leur apprendre. Entre collègues, les relations se délestent des jugements et préjugés. De la passivité sceptique on passe à l'adhésion. Chacun devient lui-même, pleinement réceptif, en attente, prêt à jouer le jeu pour la suite.

2. Améliorer sa communication

Créer du lien

Après l'étape de découverte de soi par le cheval miroir, nous proposons divers exercices permettant d'opérer un rapprochement entre les participants et les chevaux. Cette phase se fait de façon très sécurisée car c'est le cheval qui décide de son envie de suivre l'individu. Cela ne donne lieu à aucune action coercitive qui pourrait occasionner une opposition. Notre cobaye a pour consigne de créer un lien fort avec le cheval, afin d'obtenir de lui qu'il le suive sur quelques pas, voire sur un exercice simple (slalom entre des plots). Il s'agit là de travailler sur l'aptitude à convaincre, sans contraindre. Le cheval est en totale liberté. Contrairement à l'exercice du cheval miroir, le participant peut toucher le cheval. Il est libre de sa stratégie : le caresser, lui parler, faire toutes sortes de gestes. Le cheval est un être sensible et grégaire. Si l'humain lui propose du confort, un sentiment de sécurité, il le suivra volontiers. Toutefois, ce lien est fragile, il doit être régulièrement renforcé. L'activité proposée par l'humain au cheval doit être suffisamment "intéressante" afin que ce dernier ne se déconnecte pas pour aller voir autre chose. Les chevaux ont des attitudes variées. Auprès d'une personne à l'écoute, tactile, qui utilise bien sa propre intuition, nous observons des comportements de grande proximité : les naseaux restent quasiment collés à la personne, le cheval suit tel un chien, ayant élu notre participant comme son nouveau meilleur ami. Ces situations sont souvent très fortes émotionnellement. En effet, les personnes ont souvent perçu lors du premier exercice le caractère anxieux et agité de l'animal. Le ressenti lié à cette situation d'apprivoisement d'un être puissant de 500 kilos qui donne tout à coup sa confiance est d'une force inouïe. À l'issue de l'exercice, certains évoquent "le sentiment d'avoir été dans une bulle avec l'animal, d'avoir fait totalement abstraction de l'environnement, en étant dans un état de fusion avec lui".

Le participant se trouve parfois dépassé par l'intensité du rapport qui s'établit avec le cheval. Ce fut le cas d'un quinquagénaire, responsable des formations pour un groupe industriel. Habitué à tester et évaluer quantité de formations, c'est un candidat quelque peu blasé, du moins peu enclin à se laisser surprendre... Or, dès les premières minutes de sa rencontre avec Tina, nous assistons à un véritable coup de foudre ! La jument pose la tête sur l'épaule de son partenaire et s'immobilise un long moment, les yeux clos. L'échange spontané évolue vers une intense complicité, une fusion spectaculaire entre l'homme et la jument. À tel point qu'il est déchirant de mettre fin à cet état de grâce pour continuer la formation. Dès lors, plus question de compter sur l'implication active de notre candidat. Tout au long de la journée, il alterne moments de rêverie et échanges avec les chevaux. Avant de quitter la session, il demande comme une faveur une dernière rencontre avec Tina. De son propre aveu, il a vécu un moment de formation incomparable. Il repart convaincu qu'il existe entre l'homme et le cheval un espace de communication extrêmement riche sur le plan affectif et émotionnel, qui peut nous apprendre beaucoup sur la manière d'échanger entre individus. Le cheval a sans doute permis de remplir un espace affectif qui n'avait jamais pu être comblé par autre chose.

Dans la rencontre, certaines personnes vont facilement au-devant de l'autre, au risque d'être trop directes, ou même intrusives. D'autres laissent venir… Un participant a eu une idée originale : s'asseoir au centre du manège et attendre, dans une attitude souriante et bienveillante, sans dire un mot. Le cheval a tourné calmement autour de lui. Par approches successives et retraits, il s'est intéressé à cet humain patient, immobile, qui ne faisait que le suivre des yeux. Toujours aucun mouvement de l'intervenant, assis dans une posture décontractée. Après deux minutes de ce jeu, le cheval a établi spontanément le contact tactile. L'homme s'est alors relevé, a caressé son nouveau complice, et nous les avons vus partir collés l'un à l'autre, comme deux amis de toujours qui sont contents de se retrouver. Ce participant est un ami des animaux, et en particulier des chevaux. C'est un cavalier occasionnel, mais il est en réalité plus attiré par la relation avec l'animal, sans autre finalité que la qualité du temps partagé, que par le fait de monter sur son dos. La curiosité est un moteur dont se servent souvent les éducateurs animaliers. Comme les chevaux, nous sommes de nature grégaire, même si nous apprécions parfois l'isolement. Si notre alter ego manifeste des signes d'apaisement et d'ouverture (calme, sourire et regard bienveillant), la prise de contact librement consentie est tentante. Bien sûr, le caractère timide ou réservé de certains rendra la rencontre spontanée moins probable, mais toujours possible. Savoir qu'elle n'est pas obligatoire peut être rassurant. Le lien est plus fort lorsqu'on le laisse se créer sans le forcer. On voit ici que le silence, qui parfois provoque des tensions, peut aussi être un facteur de lien.

Le cheval est un animal fragile, ce que perçoivent très vite nos participants, même néophytes. Dès sa conception, il est l'objet de soins et d'attention, et les accidents tragiques sont nombreux à tous les stades de son évolution. Le rapport originel du prédateur à la proie s'est transformé en un désir mutuel d'apprivoisement et de confiance. Notre instinct protecteur y trouve un accomplissement merveilleux. La production d'ocytocine (hormone de l'attachement) dans notre cerveau est probablement à son niveau maximal. Cette fragilité et cette confiance nous émeuvent d'autant plus qu'elles proviennent d'un animal qui nous dépasse largement en taille et en poids. Sa vulnérabilité est la nôtre. Notre attachement est le sien. Comme l'enfant auprès de l'adulte, nous lui demandons de nous prêter sa force et son agilité pour franchir les obstacles. Nous le prions de nous confier quatre grandes jambes pour courir très vite. Il nous offre sa puissance et nous fait nous sentir plus grands. La fonction de restauration des failles narcissiques grâce à l'animal est fondamentale chez beaucoup de cavaliers.

Du reste, le thème de l'enfance associée au cheval est beaucoup repris dans la littérature et le cinéma. Qui n'a pas pleuré devant *Crin-Blanc* d'Albert Lamorisse ? Ces histoires qui ont bercé notre enfance créent dans l'inconscient collectif l'idée du cheval comme animal protecteur, complice de la pureté et de l'innocence de l'enfant, opposé à la duplicité et à la cupidité du monde des adultes. Leur relation symbolise la rencontre de deux mondes contraires. Leur amitié dépasse les incompatibilités entre civilisation et nature. Elle les réconcilie.

Ainsi, dans nos exercices sur le lien, une fois évacuée la peur, se joue probablement toute l'histoire de l'attachement entre l'homme et l'animal. Celui-ci permet également de solliciter plusieurs sens, notamment l'odorat, dont on sous-évalue souvent l'impact dans nos relations, dans nos comportements. Des études récentes montrent que les achats d'impulsion sont plus nombreux dans les boutiques qui diffusent des parfums d'ambiance (par exemple, à la fleur d'oranger). Nombreux sont les participants à verbaliser sur le plaisir visuel qu'ils ont à voir évoluer nos équidés, ils sont souvent un peu troublés lorsque nos chevaux hennissent, car le volume sonore élevé les surprend. Peu d'entre eux parlent des odeurs. Pourtant, nous savons que les odeurs sont intimement liées au système limbique, zone du cerveau liée aux émotions. C'est pourquoi elles affectent nos actions de manière inconsciente. Le cheval dégage une odeur particulière, différente de celle de la vache ou de l'âne. Celle-ci peut nous renseigner sur son mode de vie (plus piquant lorsqu'il vit en box, plus doux lorsqu'il vit en prairie), son régime alimentaire et son état de santé. Le vétérinaire s'aide de son odorat pour évaluer l'état d'une plaie. Le cheval, quant à lui, entre en relation avec l'homme d'abord par l'odeur : il relève votre carte d'identité olfactive en humant le revers de votre main, vos cheveux ou votre épaule. Un signe de familiarité sera de pouvoir faire du nez à nez pour faire encore mieux connaissance. Ce rapport au monde olfactif contribue très certainement à rendre le lien immédiat et puissant. Il nous permet de court-circuiter d'éventuelles défenses rationnelles par évitement des zones cognitives, les émotions étant directement sollicitées. Notre rôle consiste à stimuler la réflexion qui, dans un deuxième temps, aidera chacun à comprendre ce qu'il a ressenti et à s'en servir comme base de travail pour développer cette fameuse intelligence émotionnelle.

Le temps de l'autre

Un principe bien connu en équitation énonce ce paradoxe : "Aller vite, c'est aller doucement." Le cavalier trop pressé ignore l'état de réceptivité de sa monture. Après un temps d'effort soutenu, le cheval a besoin d'une pause avant de repartir de plus belle, faute de quoi il se blase, rechigne et produit des réponses de plus en plus dégradées. À vouloir brûler les étapes, on compromet le résultat. L'analogie est évidente avec l'entreprise, où il arrive trop souvent que les contraintes de planning conduisent à négliger l'attention au temps de l'autre.

Il n'est pas surprenant de constater que si vous demandez la même productivité dans un temps raccourci, vous créez du stress. Le temps de "non-travail" n'est pas inutile, il est même nécessaire. Il permet de créer du lien grâce aux pauses entre les phases productives. Aborder cette question avec des patrons est enrichissant et facilité par la médiation du cheval. Cette notion ne leur est pas étrangère, mais les pressions du siège, une conjecture difficile peuvent en rendre l'application délicate. Réaliser que, sur le long terme, le temps de non-travail est un gain de productivité peut changer le climat social de l'entreprise.

Un enfant devine rapidement à quel moment et à quel parent s'adresser pour avoir la meilleure chance de voir sa demande aboutir ou tout simplement obtenir la meilleure qualité d'écoute. Pour communiquer en entreprise, choisir le moment de disponibilité d'un collaborateur est un facteur de succès. Encore faut-il savoir identifier ce moment. Comprendre le temps de l'autre, c'est aussi s'adapter à son rythme. Certains ont besoin de plus de temps que d'autres pour réfléchir et agir. Un manager plus rapide que ses équipes risque de laisser du monde en chemin s'il ne prend pas la peine de tenir compte de la variabilité dans la vitesse d'exécution de ses collaborateurs.

Chaque cheval a des besoins différents en termes de rythme et de moment. Un grand écuyer parlait de "justesse, mesure et à-propos[1]". Il s'agit là de "l'à-propos" : demander au bon moment, ni trop tôt, ni trop tard. Ce moment de la demande peut être très fugace. La rapidité de l'influx et la concentration éphémère de l'animal rendent

1. Général L'Hotte, *Questions équestres*, Plon, 1906.

très subtil le choix de l'instant de l'action. Le travail de cette notion en situation avec les chevaux permet une prise de conscience de nos participants : s'ils ne s'adaptent pas à leur partenaire cheval, ils ne peuvent pas réussir l'exercice. En revanche, s'ils font l'effort de se conformer au besoin de l'équidé, ils ont la récompense immédiate par la réussite. La réponse instantanée et positive du cheval au changement de rythme permet alors la mise en place d'une nouvelle façon de faire.

Lors de la rencontre avec le comité exécutif d'une entreprise agroalimentaire, une des situations proposées consiste à obtenir du cheval qu'il réussisse toute une série d'exercices en un temps limité : franchir un cavaletti[1] sans faire tomber la barre, rester immobile deux minutes, franchir un mur de rubans, mettre le pied dans un pneu, reculer de quelques pas, passer entre deux plots... Chaque exercice donne plus ou moins de points en fonction du degré de difficulté choisi (cheval libre ou cheval tenu en longe). Nos candidats se trouvent ici confrontés à des difficultés cumulées. Le chronomètre ajoute une forme de pression à des ateliers déjà anxiogènes pour le cheval, et plus encore pour ceux qui les manipulent. En effet, toute entrave à la fuite est vécue par le cheval comme une menace. Enjamber une barre en équilibre instable requiert calme et concentration car l'instinct du cheval le pousse à sauter par-dessus un obstacle dans lequel il pourrait se prendre les pieds. Par ailleurs, l'immobilité demandée dans un deuxième temps est contre-nature pour l'équidé. Mettre le pied dans un pneu, qui représente par excellence le piège ou le trou, inspire au cheval une forte réticence. Reculer de quelques pas ou passer entre deux plots signe l'acceptation de l'homme comme dominant. Enfin, franchir un mur de rubans multicolores et bruissant dans le vent incarne le summum de l'angoisse équine.

1. Barre posée sur un petit support, entre cinq et vingt centimètres au-dessus du sol.

Un des dirigeants, Dominique, s'élance le premier. Il retrouve Quentin, qui s'est montré le matin disponible et curieux. Très confiant, il décide de faire les exercices sans longe, le cheval en totale liberté. Dès les premières approches, le cheval se défile devant les plots, trottine, déambule à travers le manège malgré les admonestations de Dominique. Il n'a qu'une envie : courir ! À court d'arguments et de stratégies, le participant abdique. Quentin s'offre quelques minutes de joyeuse récréation au galop avant de revenir à une collaboration efficace. Le message est clair : le moment était mal choisi pour demander à Quentin d'effectuer l'exercice. Il a fallu attendre qu'il redevienne réceptif.

Lors d'une autre session, Caroline s'essaie au même exercice. Soucieuse de ne pas brusquer Wonnerfee, qu'elle sait chatouilleuse, la jeune femme choisit d'oublier le chronomètre et de prendre son temps pour obtenir dans le calme ce qu'elle demande. Les sollicitations sont discrètes et espacées. Caroline marque des pauses, elle relâche son effort après le premier passage de plot. Contre toute attente, la jument marque des signes d'énervement : elle s'agite, tape du pied, se détourne. Caroline est décontenancée. Elle reste les bras ballants et se tourne vers nous avec un sentiment d'injustice. Elle pense avoir tout fait pour favoriser la sérénité de la jument ! Nous lui expliquons que Wonnerfee a justement pour particularité d'être très sensible au timing. Si on va trop lentement, elle s'ennuie et déborde. Si on va trop vite, elle se déconnecte et cesse de collaborer. Cette jument a besoin d'un recadrage instantané et d'un rythme soutenu dans les activités. Il faut trouver le bon tempo.

Le cheval est un vecteur privilégié pour relier à leur environnement les membres d'une société hyperconnectée au virtuel, où tout est instantané, immédiat, nous faisant presque ressembler aux machines dont nous devenons de plus en plus dépendants. Il nous apprend à écouter et à développer notre empathie, à nous redécouvrir en tant qu'humains issus et nourris de la même terre que lui, à suivre le rythme de son pas, à respecter les cycles des saisons et la loi de la nature.

Aborder des personnalités aux profils variés

Ce temps dédié à faire du cheval son ami peut également être l'occasion de se confronter à des personnalités difficiles. Cette notion est très subjective : pour les uns cela se traduira par un caractère dominant, pour d'autres par un caractère anxieux. Chacun se sent plus ou moins à l'aise avec tel ou tel type de profil.

Se confronter ensuite à une personnalité qui rebute ou qui fait peur suppose une bonne dose de courage. Wonnerfee ou Quentin, nos deux chevaux les plus démonstratifs dans le domaine de la domination, permettent de vivre l'expérience de la confrontation, de la nécessité de s'affirmer en tant que leader, de recadrer celui qui vous déborde alors qu'il vous fait peur, de ne pas perdre de vue son objectif. La plupart des participants ressortent de l'exercice très émus, très fiers d'avoir dépassé leurs limites. Ils comprennent souvent que la conviction intérieure est le plus grand facteur de réussite. Si la personne y croit, elle obtient le résultat attendu. La possibilité de refaire l'exercice, éventuellement soutenu par le coach de façon très proche, permet aux personnes de se convaincre par l'expérience qu'elles sont capables d'actions qu'elles n'auraient pas envisagées quelques heures plus tôt. Les parallèles avec le monde de l'entreprise sont rapides : client difficile, collaborateur anxieux et résistant au changement, représentants du personnel agressifs, manager autocrate. Finalement, réussir à travailler avec les chevaux qu'on n'avait pas choisis engendre la satisfaction et le sentiment d'avoir ouvert des portes. Certains repartent avec la conviction qu'il est possible de contourner des refus ou de désamorcer des hostilités.

La bulle de sécurité

Chaque individu peut définir autour de lui un espace plus ou moins grand dans lequel il n'acceptera qu'un nombre restreint de personnes, en général constitué de ses proches. De même, chaque cheval conçoit autour de lui une sorte de bulle de sécurité, dans laquelle il nous permet plus ou moins d'entrer, sous réserve d'en demander une forme d'"autorisation". L'identification de la bulle de sécurité et son respect incitent chacun d'entre nous à trouver "la bonne distance" à laquelle se positionner pour que l'autre se sente sécurisé dans la relation. La sensibilité du cheval à cette notion de proximité, ses réactions immédiates (fuite ou décontraction) permettent à chacun de ressentir immédiatement son impact sur l'autre et, en changeant parfois de petits détails, de se rendre beaucoup plus sécurisant pour autrui.

Ainsi, nous pouvons prendre le cas d'Aurélie, une personne très réservée qui ne fait pas facilement confiance aux autres. Une trop grande proximité est anxiogène pour elle. La jeune femme travaille seule avec une jument dominante, avec comme objectif de créer un lien suffisamment fort pour que celle-ci la suive sur un parcours de slalom, sans moyen de coercition (longe). On observe une succession de malentendus entre Aurélie et la jument : lorsque l'animal tourne la tête vers elle dans une recherche de contact, la jeune femme adopte une position de recul et de tension du corps que la jument ne comprend pas et qui bloque son envie de l'approcher. Lorsque la jeune femme s'avance vers la jument pour créer du lien, elle le fait de façon trop rapide et n'observe pas les signes d'inquiétude immédiatement suivis d'un comportement de fuite. La jument finit par se tourner vers Jean-Paul dans une recherche d'information. Il faut un long moment pour aider Aurélie à identifier les signes d'acceptation de la jument et à respecter sa bulle de sécurité par une approche en douceur. Elle adopte progressivement une posture plus détendue : épaules basses, respiration lente, regard doux, tête penchée pour se faire accepter dans la proximité de l'animal. Elle expérimente immédiatement l'impact de sa modification de comportement en observant la jument : celle-ci accepte maintenant le lien proposé. Cette gestion de la bonne distance est une difficulté que rencontrait Aurélie dans son travail. Elle reconnaît avoir du mal à s'approcher physiquement et affectivement de ses interlocuteurs, ce qui gêne sa communication. Grâce à la réponse immédiate du cheval, elle a pu trouver une nouvelle façon d'aborder l'autre, elle a osé se faire confiance et faire confiance à autrui.

3. Travailler en équipe

Prendre conscience de l'interdépendance des membres d'une équipe

Nous sommes au Haras du Pin en début d'après-midi. Comme toujours, le moment convivial du déjeuner a permis de faire le point sur les découvertes du matin, dans une ambiance moins formelle que les séances de débriefing qui suivent les mises en pratique dans le manège. Après la connaissance de soi et le travail sur la construction du lien, les activités de l'après-midi porteront sur le travail en équipe, la dynamique de groupe et la notion de leadership. À présent, deux équipes de salariés d'une même entreprise tentent à tour de rôle le même exercice. La situation est simple. Ils doivent s'organiser pour faire effectuer au cheval un slalom entre des portes. L'animal est en liberté, on ne doit pas le toucher.

La difficulté du slalom avec un cheval en liberté réside d'abord dans la capacité du groupe à s'organiser. Pour réussir à guider un cheval sans le toucher, il est nécessaire de lui donner un leader qui lui indiquera la route à suivre. Il faut ensuite créer l'impulsion, c'est-à-dire le mouvement en avant. Enfin, il faut que les personnes se positionnent de manière à canaliser l'animal à l'entrée des portes du slalom pour éviter qu'il ne dévie de la route prévue. Si le groupe hésite sur la répartition des rôles, le cheval percevra immédiatement le flottement et, selon son caractère, s'échappera ou cherchera de l'information auprès d'un des coachs (Jean-Paul ou Laurence, dont il a l'habitude de recevoir des consignes). La fluidité dans la réalisation du slalom dépendra de la capacité de l'équipe à se répartir les rôles en fonction des compétences de chacun.

De plus, le cheval a des réactions inattendues, qui sont souvent facteur de stress. L'exercice permet donc de voir si les participants parviennent à s'adapter, collectivement et en temps réel, à l'évolution d'une situation, notamment dans l'urgence. Nous testons leur capacité d'improvisation et leur aptitude à créer une liberté d'initiative qui soit compatible avec le fonctionnement du groupe. Gérer le cheval et gérer l'équipe constituent deux tâches difficiles à mener simultanément. Il s'agit de trouver l'équilibre entre l'individuel et le collectif, avec le souci constant d'un paramètre qu'on ne contrôle pas : les réactions du cheval face aux contraintes.

Chaque groupe dispose d'un délai pour échanger sur la stratégie à adopter, puis tester son efficacité et éventuellement la modifier.

Dans le premier groupe, deux leaders se dégagent lors de ce temps de préparation et déterminent une stratégie. La mise en situation révèle que la répartition des rôles est très efficace. L'équipe a défini à l'avance le positionnement de chacun : un leader à la tête du cheval, deux personnes sur les côtés pour le canaliser et deux personnes à l'arrière pour maintenir le mouvement en avant. Chacun sait ce qu'il a à faire en fonction des autres. Le slalom est effectué avec une grande fluidité, le cheval est détendu et sait manifestement ce qu'on attend de lui. Il passe les portes en suivant un tracé sans heurt. On pourrait imaginer qu'il connaît d'avance l'endroit où il doit passer. Il marche d'un pas tonique et régulier, la tête à hauteur du garrot, dans une attitude à la fois énergique et décontractée, maintenant une proximité de quelques dizaines de centimètres avec son leader. La clarté permise par la coordination des uns et des autres induit son adhésion totale.

Dans le deuxième groupe, les personnalités sont plus individualistes. Les rôles sont répartis mais aucun leadership n'apparaît. Au cours de l'exercice, certains veulent éviter de gêner, d'autres se mettent en position d'attente. Aucun ne se sent investi d'une autorité quelconque. Lorsque le cheval s'écarte, un simple pas en avant de l'un des équipiers suffirait à le ramener vers la porte manquée. Mais il n'en a pas l'initiative car son rôle consiste à rester posté en périphérie du parcours. Si la bonne volonté n'est pas en cause, l'échec est incontestable. Faute de direction claire et cohérente, le cheval hésite, se lasse, puis abandonne. Il s'écarte des membres de l'équipe et se rapproche de Jean-Paul, les oreilles pointées dans une posture d'interrogation. Les participants se retrouvent éparpillés, les bras ballants, ne sachant plus comment réagir. Personne ne prend l'initiative de répartir les rôles et d'organiser l'action et la gestion de l'espace. Lors du débriefing, le groupe analyse assez bien les raisons de son échec. Chacun mesure alors la nécessité de faire connaître à l'autre ses intentions d'action. Dans un système sans leader, la répartition des rôles ne suffit pas. Les acteurs doivent être polyvalents et animés d'une volonté d'entraide. L'équipe tente à nouveau sa chance dans le manège, en ayant cette fois désigné un organisateur. Celui-ci répartit les rôles, positionne des personnes en support et choisit celui qui restera à la tête du cheval. Durant la réalisation du slalom, il apostrophe ses collègues, demandant à l'un de s'avancer un peu plus, à l'autre de dégager l'accès à la porte suivante. L'expérience est couronnée de succès. Les membres du groupe ont dialogué pendant sa réalisation afin de s'ajuster entre eux. Le cheval s'est comporté comme celui du premier groupe, restant proche du leader et passant les portes successivement, d'un pas actif, signe d'une bonne compréhension du tracé qu'on attendait de lui. Les deux essais ont permis aux membres de cette entreprise de comprendre quelles étaient les conditions du succès dans la conduite d'un projet en équipe : anticiper ; définir les objectifs ; adopter une stratégie et répartir les rôles ; s'y tenir dans la mise en œuvre ; dialoguer pendant celle-ci pour définir la stratégie ; avoir un coordinateur qui ait une vision globale et qui donne la fluidité.

Travailler en équipe sous contrainte de performance

Le simple travail en équipe autour d'un projet nous paraissant insuffisant pour faire un parallèle crédible avec le monde de l'entreprise, il nous a semblé important d'y ajouter des contraintes comparables à celles du quotidien de nos stagiaires. Étant tous les trois proches de la compétition équestre, la notion de performance nous est familière. Lorsque nous travaillons des chevaux afin de les amener à haut niveau, nous les mettons inévitablement sous contrainte. Toutefois, si la contrainte est trop forte et que le cheval ne trouve pas de satisfaction dans son travail, il ne donnera jamais tout son potentiel à son cavalier. Tout l'art de ce dernier est de réunir les conditions optimales pour le cheval dans un équilibre subtil entre effort et plaisir, lui permettant d'aller à son meilleur niveau.

En construisant nos exercices avec des systèmes de barèmes en lien avec la gestion du temps (toujours très court), la satisfaction du "client-cheval", le niveau de difficulté choisi dans les actions à réaliser et la préservation de la qualité du "collectif", nous avons tenté de reproduire les contraintes auxquelles sont soumises la plupart des personnes au travail. Il s'agit donc d'un laboratoire pour faciliter le test de nouvelles stratégies. Les stagiaires y verront comment la satisfaction du client risque de se dégrader lorsqu'on se focalise sur la gestion du temps ou comment, à l'inverse, la qualité relationnelle peut autoriser à être très ambitieux en termes de performance. La possibilité de se "remettre en jeu" après une expérience ratée est un des avantages majeurs de notre pédagogie. En tant que coachs, nous n'intervenons pas pour corriger les erreurs des participants : nous les aidons à comprendre, *a posteriori*, pourquoi ça n'a pas marché. Dans un deuxième temps, nous les guidons dans l'élaboration de nouvelles stratégies, mais ne leur fournissons pas de méthode pour réussir. À eux de recommencer autrement et de tirer les leçons des nouvelles stratégies qu'ils ont testées. La réponse immédiatement positive du cheval lorsque l'équipe se coordonne permet d'ancrer très vite de nouveaux comportements. Au cours de cet exercice, une équipe de directeurs des ressources humaines d'un grand groupe agroalimentaire a réalisé combien il importait de trouver un équilibre entre le *how*[1] et le *what*[2]. Ils se sont rendu compte qu'à trop se focaliser sur les points à "gagner", ils en oubliaient tant la qualité du relationnel entre coéquipiers, provoquant de la frustration chez certaines personnes laissées pour compte dans le travail de groupe, que la satisfaction du client, le cheval manifestant des signes de stress (accélérations, déconnexion, gestes d'agacement de la queue et des oreilles). Pour autant, il n'était pas question d'abandonner le *what*. Ces participants ont ainsi pu mener une réelle réflexion sur leur rôle en tant que managers des ressources humaines. Le groupe a défini les conditions permettant de concilier la poursuite d'objectifs et la manière de les atteindre, convaincu que cet équilibre conditionne la performance.

Une réflexion sur un nouveau mode d'accompagnement et d'évaluation a commencé à être évoquée lors de cette séance de débriefing. Les cadres de cette entreprise ont suggéré de mettre en place de façon systématique des temps informels pour favoriser la convivialité : inviter les collaborateurs à des temps de pause autour d'un café, marquer de façon plus festive les démarrages et fins de projet autour d'un pot ou d'un repas, proposer régulièrement des journées de réflexion sur des sujets globaux interservices pour permettre aux personnes de mieux se connaître. Un élément très fort concernant le management a été formulé : l'idée de supprimer l'entretien annuel d'évaluation des collaborateurs. En effet, celui-ci n'incitait pas les chefs de service à suivre leurs collaborateurs dans la proximité et favorisait un jugement exclusivement quantitatif sur l'atteinte des objectifs, qui tombait comme un couperet une fois par an.

1. Manière de vivre et travailler ensemble : qualitatif.
2. Résultats chiffrés : quantitatif.

Impact sur la créativité et la dynamique de groupe

Lors des exercices de l'après-midi, le groupe de collaborateurs d'un palace parisien a été divisé en deux équipes. Le souhait de l'entreprise étant de stimuler la créativité et la dynamique de groupe, nous avons donné pour mission à chaque équipe de mettre sur pied un projet d'accueil "VIP" pour le cheval, en lui proposant : une "visite", une expérience "gastronomique" et un "spa". La difficulté de l'exercice consistait à faire preuve de créativité en imaginant un "mini-scénario" qui rendrait la succession des tâches vivante et intéressante tant pour les spectateurs que pour le cheval. Cela supposait une bonne dose d'imagination et la capacité de sortir du mode de fonctionnement très rigide et hiérarchisé dans lequel se trouvent souvent ligotés les collaborateurs d'un palace.

La première équipe s'est très vite prise au jeu. Elle a su s'organiser autour d'un leader, se répartir les tâches de façon efficace. Le niveau de créativité fut excellent, tant dans la mise en scène que dans les activités proposées au cheval. Les membres de l'équipe ont accueilli leur invité à la porte du manège avec une petite carotte de bienvenue, pour se rafraîchir après son voyage qui avait dû être bien fatigant. L'un des participants lui a ensuite proposé de visiter sa suite présidentielle avec vue panoramique sur Paris. L'acteur s'était tellement pris au jeu que le cheval semblait passionné par la visite. Le nez collé sur l'épaule de son hôte humain, il a consciencieusement tourné sur lui-même de façon volontaire car il n'était pas tenu (figure habituellement contraignante pour un cheval) afin d'admirer le panorama virtuel qu'on lui présentait. Pendant ce temps, en cuisine on s'activait. Avec les aliments mis à disposition et du sucre en poudre récupéré au bar, le chef concocta un délice de pommes fourrées au sucre, qui lui aurait manifestement valu trois étoiles au guide Michelin des équidés. Enfin, les membres du groupe ont endossé le rôle des masseuses et esthéticiennes du spa, proposant un moment de bien-être, point d'orgue de cette halte de rêve à

L'Équi-Palace, nom donné par l'équipe à son établissement imaginaire. L'ambiance de l'équipe était joyeuse mais concentrée, presque studieuse, avec un grand souci d'atteindre les objectifs. L'humour, le ton très juste et la complicité de tous se sont ressentis sur le comportement du cheval VIP, très satisfait de son séjour.

La deuxième équipe a choisi une organisation plus éclatée, qui a eu tendance à distraire le cheval. La mise en pratique a été un peu laborieuse, mais les échanges nombreux (niveau sonore élevé, rires) entre les participants étaient le signe que les derniers freins avaient disparu. Mais cette fois, les besoins du cheval ont été mis au second plan par rapport au souhait de l'équipe de réaliser les objectifs de performance. Tous ses membres se sont impliqués. Chacun a été très fidèle au rôle défini à l'avance, ce qui a un peu limité la plasticité du groupe face à l'imprévu : non-coopération du cheval lors du spa, la jument a cherché à esquiver la situation. La créativité de l'équipe s'est exprimée dans le choix du nom (*Morphée Palace*, inspiré par la jument cliente, Orphée) et dans un élément de confort proposé dans le spa (habillage de la jument avec une confortable couverture).

Un dernier exercice a été proposé aux deux équipes, introduisant un invité-surprise : proposition de refaire la séquence avec un cheval plus difficile à gérer que celui qui avait été choisi pour la première. L'objectif était alors de différencier ce qui, dans la réussite de l'exercice, tenait au caractère du cheval ou à la qualité de l'organisation du groupe. Il s'agissait aussi de vérifier la capacité de chacun à s'adapter à des réactions imprévues, à anticiper les risques et à gérer un éventuel stress lié au comportement récalcitrant du nouveau client.

Les deux équipes ont su tenir compte de l'analyse que nous leur avons proposée et des points d'amélioration suggérés après le premier exercice : observer davantage les réponses de l'animal pour éviter les réactions de retrait, accorder quelques secondes de pause entre les exercices pour lui permettre de faire la transition d'une activité à l'autre. Les participants ont très bien géré l'imprévu en s'attachant à davantage écouter les besoins du cheval, en échangeant entre eux en cours d'exercice afin de rendre leur organisation plus réactive et plus fluide. Le petit stress lié à cet imprévu a été un élément moteur et fédérateur, qui a encore accru la performance des deux groupes.

La dimension ludique des exercices de l'après-midi a mis en évidence une forte capacité d'implication des personnes sur le mode d'une saine émulation. La mise en compétition des deux équipes a eu un effet stimulant. Elle a renforcé le plaisir qu'ont eu les participants à entrer dans le jeu.

Dans cette série d'exercices, nous avons voulu mettre en évidence une caractéristique du cerveau qui consiste à choisir des solutions sur des bases statistiques. Le cerveau se conditionne à donner des réponses qui ont été pertinentes dans le passé. Il ne recherche donc pas en priorité la solution la plus performante dans une situation donnée. En d'autres termes, il manque d'imagination. L'équicoaching est un merveilleux laboratoire pour identifier des stratégies automatiques, en tester de nouvelles et se les approprier. Elles ont un impact immédiat sur le cheval, qui a spontanément une réaction différente. Chacun pourra ainsi multiplier les expériences pour trouver le meilleur comportement, qui ne sera pas forcément le même que celui du voisin.

À l'issue de l'exercice, un partage sur la notion de créativité a permis aux participants d'identifier des facteurs facilitants : nous avons pris le temps d'établir une liste de toutes les situations dans lesquelles ils pourraient avoir des initiatives personnelles, d'y noter les facteurs limitant la créativité et, inversement, ceux qui la favorisent. Des idées ont émergé pour mettre en place de nouveaux modes de fonctionnement permettant de développer cette compétence qu'ils avaient plus ou moins découverte en eux au cours de l'après-midi :

– la possibilité d'avoir des moments pour prendre du recul, qui suppose une meilleure organisation du travail pour libérer du temps ;

– le travail en équipe, qui sécurise et favorise l'émergence d'idées en se confrontant aux autres de façon constructive ;

– un climat interne qui encourage à proposer des idées : sérénité, droit à l'erreur, ne pas se sentir jugé, droit à la libre parole.

Les membres du groupe ont insisté sur la nécessaire implication du management dans des instances dédiées à la notion de créativité et d'innovation. Le manager doit donner des signes de reconnaissance positifs, valoriser les idées des personnes. Enfin, selon eux, il est important de rappeler l'histoire de l'entreprise, en quoi elle est le résultat de la contribution de tous et pas seulement du management.

Lorsque nous leur avons demandé quels étaient selon eux les facteurs limitant la créativité, les interventions se sont faites plus rares, chacun craignant de s'exposer par des commentaires négatifs. Notre rôle consiste à libérer la parole en expliquant que les critiques sont productives à condition d'être constructives. Ainsi, le débat relancé a permis d'identifier plusieurs entraves : le manque de confiance en soi ou, chez certaines personnes, le sentiment de ne pas être légitime pour proposer des idées. C'est aussi l'essoufflement que peuvent ressentir certains collaborateurs au bout de trois ou quatre ans d'ancienneté, et enfin le quotidien très chargé, qui reste la priorité, au détriment de l'esprit d'innovation.

Enfin, nous avons proposé un travail d'analyse sur la personnalité des chevaux. Le groupe a montré une assez bonne faculté à cerner les différents caractères. Même si chacun a ses préférences, tout le monde a réussi à travailler avec une personnalité plus difficile (dominante) en s'attachant à répondre à ses besoins. Cela a même créé un sentiment de satisfaction et de fierté. L'analogie avec les situations professionnelles était évidente pour ces spécialistes de l'hôtellerie de luxe, souvent confrontés aux caprices d'une clientèle exigeante.

La session d'équicoaching avec les cadres de ce palace parisien nous laisse un souvenir très riche. Ils nous ont étonnés, ils nous ont fait rire. Leur volonté de jouer le jeu et leur capacité à projeter dans leur contexte professionnel les découvertes qu'ils faisaient avec le cheval ont rendu les exercices particulièrement fructueux et instructifs. L'objectif fixé par la direction a été atteint dans la bonne humeur et l'enthousiasme : les équipes ont réussi à sortir de leur zone de confort, à mettre en scène un scénario, à le rendre crédible pour les observateurs et pour le cheval. Les stagiaires en ont tiré une satisfaction profonde. Ils ont pris conscience qu'ils étaient capables d'être imaginatifs. Plus important, ils sont parvenus à définir les conditions favorisant leur créativité.

Découvrir ses collègues sous un jour nouveau

Le même jour, nous avons eu la joie de vérifier l'effet valorisant du cheval miroir, souvent révélateur de potentiel et de qualités ignorées. Le matin, Agnès avouait sa grande peur des chevaux. L'exercice du cheval miroir, avec Églantine, la montrait peu confiante en elle, mais douée d'une grande capacité d'écoute et d'adaptation à son interlocuteur. Dans le travail sur le lien, sa douceur lui permet d'établir une belle complicité avec le cheval. Elle gagne en confiance et s'exprime davantage pendant les débriefings. Elle reconnaît avoir d'elle une image très dévalorisée, déclarant notamment à propos de la créativité : "Si j'ai des idées, je ne les dis jamais car je n'imagine pas qu'elles puissent être intéressantes." Or, dans les activités en équipe de l'après-midi, c'est Agnès qui obtient le mieux l'adhésion d'Orphée. Elle est donc la plus à même d'impulser la dynamique dans l'exercice. Par son tempérament, elle est aussi facteur d'apaisement dans le groupe. Elle qui avait de fortes craintes le matin effectue les exercices les plus en proximité avec le cheval en fin de journée (nourrir à la main, masser, brosser), avec un évident plaisir partagé ! Transformée par la relation très productive qu'elle a réussi à établir avec la jument, heureuse de réaliser le rôle clé qu'elle a joué dans la réussite de l'exercice, Agnès est sortie de sa coquille. Elle sent que les autres la regardent autrement. Elle porte surtout un regard nouveau sur ce qu'elle peut leur apporter. La transformation est radicale. Lorsque la session s'achève, Agnès nous confie qu'elle se sent tellement bien qu'elle n'a pas envie de partir.

Assez souvent, l'équicoaching nous permet de rencontrer des comex. Force est de constater que les différents acteurs ne se connaissent pas ou peu, si leur collaboration est rare dans la vie courante de l'entreprise. Les conditions d'accueil au Haras du Pin nous donnent l'opportunité de partager un dîner la veille de la journée de formation. C'est l'occasion de briser la glace, de comprendre les relations au sein de l'équipe avec laquelle nous allons travailler, d'aborder le cœur de métier de la société et sa culture d'entreprise.

Ce soir-là, les discussions au cours du repas nous font découvrir une entreprise spécialisée dans la fabrication et la vente d'objets de luxe. Elle possède une histoire riche et des savoir-faire d'exception qui font la fierté de tous les dirigeants. Nous le vérifions ultérieurement en rencontrant d'autres équipes (commerciaux, responsables de fabrication). Tout le personnel semble fier de s'impliquer dans la tradition de qualité. Le lendemain, le travail avec les chevaux permet à chacun des dirigeants d'appréhender les autres sous un jour nouveau, de voir des comportements inhabituels. Concernant l'un d'entre eux, c'est une révélation : pour la première fois, ses collègues le voient détendu, chaleureux. Comme nous enchaînons trois équipes de la même entreprise sur trois jours, nous recueillons les impressions du dernier groupe sur les changements observés au sein du premier : ils ont rencontré la veille le comex de retour de formation. Quelle n'est pas notre surprise d'entendre un des stagiaires expliquer à ses collègues que “l'homme qui ne souriait jamais” était avenant et que, selon ses dires, ce jour-là “on pouvait lui demander ce qu'on voulait, il disait oui”. Bien sûr, rien ne peut prouver le rapport avec la session d'équicoaching mais la coïncidence est troublante...

4. Gestion du stress

La gestion du stress est une dimension incontournable du travail avec les chevaux, au même titre que le trac est lié au métier d'acteur. Pratiquement tous les cavaliers ont vécu des moments de stress avec leurs chevaux. Le cheval est un animal peureux, qui trouve son salut dans la fuite. Il a une fâcheuse tendance à paniquer lorsqu'il se sent empêché de se libérer d'une contrainte inquiétante. L'art du cavalier passe par sa capacité à mesurer l'anxiété de l'animal, à l'apaiser, voire à la faire complètement disparaître. Nous avons identifié là un parallèle avec le métier de manager qui doit parfois gérer le stress, ou même la panique, dans ses équipes, quand ce n'est pas le sien.

La bâche bleue

Olivia, cadre dans un groupe logistique, s'est présentée comme une personne plutôt réservée au premier abord, mais volontaire et ayant envie de profiter au maximum de cette journée qui lui était proposée. Du fait de son histoire, de sa personnalité, Olivia était très motivée par l'atteinte du résultat, mais exprimait très peu d'émotions, gardant celles-ci pour elle. En fin de journée, nous avons proposé l'exercice de la "bâche bleue", dans lequel il faut amener un cheval à se tenir immobile sur une bâche bleue. Cet exercice est source d'inquiétude pour le cheval car il n'évalue pas la profondeur de l'espace coloré. La modification de la texture du sol est également anxiogène pour lui. Face au danger, le cheval se tend, piétine, recule... Il peut se laisser gagner par la panique et même par la colère si on le force à affronter la menace. Il s'agit donc de gérer à la fois le stress du cheval et celui qu'il occasionne alors pour la personne qui le manipule. Cette fois, l'animal est tenu en longe. Il est donc contraint. Toutefois, le rapport de force étant très largement en faveur du cheval, la coercition pure ne peut pas fonctionner. Le participant doit donc gagner la confiance du cheval et le mener de manière rassurante.

Olivia a commencé par réussir avec un cheval relativement docile à qui il était plutôt facile d'inspirer confiance. Elle passe à proximité de la bâche, le cheval l'évite dans un premier temps en faisant fuir ses épaules vers l'extérieur. Elle revient perpendiculairement à l'objet et insiste un peu en tendant la longe. Après un temps d'hésitation, le cheval finit par la suivre et traverse assez vite la surface plastifiée. Parce qu'elle aime le défi, Olivia s'est proposée pour essayer à nouveau, cette fois avec Quentin, un cheval dominant et naturellement méfiant. Celui-ci a commencé par ronfler de façon très sonore. Il a tourné autour de la bâche, évitant systématiquement de poser les pieds dessus, en levant bien haut la tête pour se soustraire à l'effet de la longe. Olivia, du haut de son 1,60 mètre face à ce cheval de 600 kilos, a considérablement pris sur elle pour lui imposer le respect et l'amener à se plier à sa volonté, en alliant douceur et fermeté. Jean-Paul l'a accompagnée lors des premiers passages sur la bâche, puis il l'a progressivement laissée faire seule. Olivia a réussi à faire en sorte que le cheval la suive pour traverser l'obstacle. Toujours réticent à y poser les pieds, il a commencé par le franchir d'un bond. Voyant que la jeune femme s'obstinait à lui reproposer l'exercice, de guerre lasse, il a cédé et a traversé la bâche au pas. Tout le groupe a été fortement impressionné par la force mentale de cette jeune femme si menue et qui paraissait si fragile face au cheval. À l'issue de l'exercice, l'intensité des émotions avait été tellement forte qu'Olivia a éclaté en larmes. Elle-même nous a expliqué ensuite qu'elle avait eu peur qu'il la mange. Cette montée de stress et d'adrénaline avait été tellement puissante que le relâchement était lui-même immédiat et presque incontrôlable. Olivia nous a ensuite exprimé sa grande satisfaction : fierté d'avoir dépassé sa peur et d'avoir été au-delà de ses limites, sentiment d'apaisement d'avoir pu exprimer des émotions qui avaient tendance à s'accumuler sans jamais s'évacuer et finissaient par être pesantes. Cet événement avait pu faire tomber des défenses qu'un jeu de rôle classique n'aurait jamais effleurées. Olivia a aussi apprécié la réaction de ses collègues, plutôt admiratifs de sa performance et heureux de l'avoir découverte moins dure qu'elle ne pouvait paraître au quotidien. Le contexte très bienveillant de la formation a permis à Olivia de vivre cette expérience de façon constructive, ainsi qu'elle l'a exprimé dans le débriefing en fin de journée.

Le cas d'Olivia nous amène à distinguer deux espaces dans le monde du stress :

– celui de la peur, que l'on définira comme l'espace où la raison est opérante, où l'on peut prendre sur soi, se dépasser ;

– celui de la panique, lorsque l'intensité du stress est telle que la raison devient inopérante. Notre cerveau primitif prend alors le dessus et nous ne contrôlons plus nos réponses de sauvegarde, parfaitement instinctives.

Ces mécanismes sont communs à tous mais le point de rupture entre la peur et la panique varie d'un individu à l'autre. Olivia a réussi à contrôler son stress tout au long d'un exercice qui, aux yeux des spectateurs, n'apparaissait pas si anxiogène. Pourtant, alors que le danger était passé, l'émotion accumulée l'a submergée, telle une vague débordant la digue. Cette réaction extrême est commune à chacun de nous mais le seuil de déclenchement varie selon l'individu, l'environnement, etc. La manipulation du cheval lorsqu'il inspire de la crainte, et en particulier l'exercice de la bâche bleue, permet de découvrir les signaux d'alerte qu'il faut savoir respecter, dans la mesure du possible, pour éviter de dépasser nos limites et nous laisser gagner par la panique.

La désensibilisation cognitive se nourrit chez l'homme comme chez l'animal d'une mise en contact répétée avec un stimulus anxiogène. La multiplication des mises en situation tend, dans notre esprit, à banaliser le caractère inquiétant du stimulus si on a pu vivre l'expérience avec un niveau de stress supportable. La plupart des candidats, ressentant l'inquiétude du cheval, décident de passer et repasser auprès de la bâche. Ce choix spontané de la méthode d'approche-recul pour vaincre le stress illustre la stratégie de banalisation par la répétition. Elle fonctionne aussi bien pour le cheval que pour celui qui le mène. Finalement, dans notre cerveau s'opère un calcul statistique des conséquences de la rencontre avec un facteur de stress. Si le nombre de fois où cette rencontre n'a donné lieu à aucune expérience négative dépasse largement les occasions qui ont généré un mal-être, alors le stimulus anxiogène perd de sa capacité de nuisance.

Revivre et dépasser un traumatisme

Parmi les participants ayant pratiqué l'équitation, nous avons été frappés par le nombre d'entre eux qui sont restés sur une mauvaise expérience. L'équitation est réputée pour son très fort taux d'abandon dans la première année de pratique. Beaucoup sont dégoûtés par une mise en selle abrupte, proche du bizutage. D'autres ont vécu des chutes plus ou moins graves. Le temps faisant son œuvre, le cheval est devenu pour eux un très mauvais souvenir. Pour certains, il est lié à un traumatisme. Les séances d'équicoaching, à pied et en toute sécurité, sont donc l'occasion d'une véritable rééducation qui, bien au-delà des retrouvailles avec le cheval, est un moment de réconciliation avec soi-même et avec les autres. Surmonter sa peur est une grande victoire. L'équicoaching permet d'identifier les composantes irrationnelles de l'angoisse, comprendre les mécanismes de panique liés au souvenir, décomposer les situations qui engendrent le stress pour le maîtriser. Autant d'outils précieux transposables à d'autres environnements, dont l'univers professionnel.

Nous avons rencontré Charlotte, cadre dans une entreprise agroalimentaire. Passionnée d'équitation dans son adolescence, elle a très mal vécu la chute de cheval de sa sœur. L'accident, très grave, a occasionné de longues semaines d'hospitalisation et une convalescence douloureuse pour cette dernière, et pour Charlotte un rejet total du cheval. Les exercices n'étant pas obligatoires, elle préfère observer ses collègues. Puis, voyant qu'ils semblent y prendre du plaisir, et poussée par son sens du défi, Charlotte décide de se lancer. Dans le manège, le premier contact entre l'animal honni et l'ex-amoureuse des chevaux est d'une grande intensité : tremblements, angoisse et retour de souvenirs mettent la participante à rude épreuve. Elle entre sur la piste de sable et s'arrête en conservant une grande distance avec le cheval. Jean-Paul se met alors à ses côtés et le cheval, curieux, s'approche pour faire connaissance. Le corps de la jeune femme se raidit. La tête rentrée dans les épaules, elle est prête à fuir. Jean-Paul pose la main sur son épaule et lui prend le bras afin d'accompagner le premier contact. Charlotte tremble, elle est au bord des larmes. Toujours accompagnée du coach, elle parle à l'animal, lui demande de marcher au pas en faisant quelques gestes pour l'éloigner. Le cheval, docile, obtempère. Quand Charlotte ressort du manège, son émotion est très forte. Elle essaie de répondre aux questions de Laurence, mais les mots lui manquent. Dans un flux saccadé, elle exprime la montée de l'angoisse, les images de sa sœur sur son lit et de ses blessures, mais aussi quelque chose comme une envie d'effacer ces mauvais souvenirs et un sentiment agréable dans ce premier contact avec le cheval. Au fur et à mesure de la journée, nous voyons Charlotte de plus en plus active dans les exercices. Elle s'approche du cheval, le touche, communique avec lui. Son visage, fermé en début de journée, devient souriant et détendu. Ses interventions lors des moments d'échange et d'analyse en salle sont de plus en plus fréquentes et constructives. Charlotte se livre plus facilement, elle se remet en cause sur le plan professionnel, voit des liens entre son comportement face au cheval et celui qu'elle adopte dans son travail, et justement une tendance à ressentir facilement de la rancune envers les personnes qui l'ont déçue... Lors du bilan final, la jeune femme exprime le désir de se remettre en selle. Elle choisit le cheval le plus impressionnant, dont nous lui avons raconté l'histoire : Quentin a été donné à Jean-Paul par un spécialiste chuchoteur. Il était réputé trop dangereux pour être vendu car il avait vécu des relations conflictuelles, et même violentes, avec des propriétaires successifs. Il sait user de son impressionnante stature pour intimider le cavalier trop sûr de lui, mais l'appréhension liée à ses mauvais souvenirs cache au fond une envie de proximité avec l'homme. Charlotte a choisi son alter ego, un être marqué par un passé douloureux.

La séance à cheval, proposée quelques jours plus tard dans le centre équestre de Jean-Paul, a été vécue par tous les observateurs comme un moment d'exception. Passé les premières secondes, nous avons vu l'animal dominant se transformer en partenaire attentionné, soucieux du bien-être de sa cavalière. Charlotte a retrouvé la confiance et le bonheur de monter à cheval qu'elle avait connus plus jeune. Elle est descendue très émue de ce moment de réconciliation avec elle-même et avec les chevaux. Ses larmes ont été le signe qu'une page était tournée.

L'histoire de Charlotte illustre un paradoxe inscrit dans les représentations symboliques du cheval. Associé à la mort dans nombre de civilisations anciennes, notamment à travers les rites funéraires, il symbolise aussi la force vitale qui s'incarne dans le mouvement perpétuel. De fait, une des figures les plus difficiles à obtenir chez un jeune cheval est l'arrêt, car du mouvement dépend sa vie, voire sa survie. Cette symbolique de la vie est également liée à la fécondité, celle de la terre, qu'il permet de cultiver par le labourage, et la sienne propre, incarnée par l'élevage.

Lorsque le spectre du danger s'est éloigné, le cheval peut donc occuper à nouveau un espace de notre inconscient lié à la pulsion de vie. Il est alors associé au plaisir, à une forme d'excitation positive qui nous pousse à l'action, nous libère de nos freins pour nous permettre de mobiliser toutes nos ressources pour un meilleur accomplissement de nous-mêmes : il nous met le pied à l'étrier, il nous remet en selle pour continuer notre route.

5. Manager différemment

Optimiser le fonctionnement du groupe

Nous avons conçu nos exercices en équipe de façon à permettre aux personnes d'expérimenter de nouvelles façons de collaborer et aux managers de prendre conscience de leur style de management sans se sentir fragilisés par le moindre jugement de valeur, le seul repère étant le comportement factuel du cheval. Ces activités sont conçues sur mesure pour chaque entreprise selon sa problématique. Nous proposons en général une succession de tâches à faire effectuer au cheval dans un temps limité. Certaines sont simples (mettre un licol), d'autres plus complexes (arrêter le cheval au-dessus d'une barre au sol). Nous leur donnons un barème qui va influencer les choix stratégiques : chaque tâche leur apporte un certain nombre de points. Par exemple, pour une entreprise qui nous a demandé de travailler la relation client, nous attribuerons des points de bonus chaque fois que le cheval montrera des signes de confort (mâchonnement, clignement d'yeux, tête basse). Nous laissons en général les groupes s'organiser durant une quinzaine de minutes pour élaborer leur stratégie en fonction des contraintes et objectifs de l'exercice. Nous les laissons choisir leurs rôles respectifs, ou ne pas choisir... Ils pourront répartir les tâches selon les compétences et les envies de chacun. L'équipe spectatrice aura pour mission de dire ce qu'elle a vu dans le comportement de l'équipe agissante et dans les réactions du cheval. Les coachs ont pour mission d'enrichir ou d'apporter de la contradiction dans les échanges. Le cheval ayant un mode de fonctionnement grégaire, très hiérarchisé, il se sent bien lorsqu'un leader coordonne les actions des uns et des autres, lorsque le message est clair, cohérent, délivré dans un rythme constant. Un temps mort dû à une hésitation dans le groupe entraîne immédiatement la perte de concentration du cheval. De même, des actions multiples dans différentes directions entraînent un sentiment de désorganisation qui le perturbe. Comme l'individu, qui ne peut pas mentir face au cheval miroir, l'équipe ne peut pas "faire semblant" d'être bien organisée. Nous pouvons ainsi proposer aux personnes de recommencer l'exercice en échangeant les rôles, ce qui permet à chacun d'expérimenter la position de leader, de support ou de coordinateur, selon son souhait. À l'issue de l'exercice, nous les encourageons à établir un parallèle avec leur expérience en tant que manager au quotidien. Ils identifient rapidement des améliorations concrètes à mettre en œuvre.

Celles-ci portent le plus souvent sur les dimensions suivantes :

– la dimension humaine : prendre le temps d'écouter les collaborateurs, cerner leurs besoins, identifier les causes de stress, comprendre les sources de motivation ;

– la dimension de gestion de l'équipe : développer les moments d'échange pour partager les idées, donner une vision, définir une stratégie et des objectifs clairs, distribuer les rôles en fonction des compétences ;

– la dimension liée à la performance et à l'environnement de travail : apprendre à évaluer les compétences de l'équipe pour fixer des objectifs ambitieux mais réalisables, travailler sur la prise de risque et la prise de décision, définir et hiérarchiser les valeurs qui définissent l'entreprise.

Ce travail sur le management est souvent l'occasion d'une prise de conscience pour des managers à qui leurs équipes n'osent pas toujours faire remonter les difficultés liées à leur mode de fonctionnement.

Se remettre en question grâce au cheval

Jean-Luc, manager dans un grand groupe agroalimentaire, est venu avec son équipe au Haras du Pin, souhaitant partager avec elle son amour pour cette région qu'il connaît. Il désire renforcer la cohésion du groupe. Dès l'exercice du cheval miroir, ses collaborateurs sont estomaqués : il obtient instantanément l'adhésion du cheval. Les spectateurs voient un couple complice, dans lequel le mouvement de l'un coïncide avec le déplacement de l'autre. Pas de doute sur le leadership du participant : le cheval apprécie d'être dirigé de cette façon claire et confortable, sans pression excessive. La prestation est digne d'un grand écuyer : sobriété, calme, efficacité et plaisir partagé. Dans ce premier exercice, l'image renvoyée par le cheval est très valorisante. Elle sera nuancée l'après-midi, lors du travail en équipe.

Au cours de la journée, Jean-Luc confirme son envie d'atteindre les objectifs, au point même de commencer les activités de groupe seul avec le cheval. Il s'approche d'Eureau alors que ses collaborateurs n'ont même pas eu le temps de chausser les coques de sécurité. Évidemment, l'exercice (réaliser un slalom avec un cheval en liberté) étant conçu pour être réalisé à plusieurs, malgré tout son charisme, Jean-Luc n'a pas atteint l'objectif. Le cheval ne s'est pas connecté suffisamment à lui, il l'a perdu en chemin. Jean-Luc a dû attendre la venue des autres pour pouvoir obtenir un résultat : ils se sont positionnés sur les côtés et à l'arrière du cheval pour le canaliser et le faire avancer en suivant Jean-Luc. Ainsi, ce dernier a compris qu'il était nécessaire d'emmener les autres avec lui, même si ceux-ci ne sont pas aussi performants et rapides que lui.

Pendant le débriefing, aucun des collaborateurs n'ose faire un feed-back même factuel et bienveillant sur le fait qu'ils se sentent à la fois mis sous pression par leur manager et frustrés lorsqu'il agit à leur place. Le comportement de Jean-Luc montre une évidente difficulté à déléguer et à fonctionner en équipe.

Toutefois, l'analyse *a posteriori* par Jean-Paul et Laurence, factuelle et sans jugement de valeur, a permis à ce manager de réaliser qu'il avait tendance à faire la course en tête, en oubliant de s'appuyer sur les talents de son équipe. Ses propres qualités d'analyse lui ont aussi fait comprendre ce qui avait conduit à une réussite mitigée du travail en équipe. Dans le dernier exercice de la journée, Jean-Luc a su complètement modifier son comportement, en adoptant un mode beaucoup plus coopératif, sans renoncer à une position de leader. Le groupe devait se répartir des tâches à faire effectuer au cheval : tracer un "huit de chiffre[1]" au pas, s'arrêter au-dessus d'une barre, mettre le pied dans un pneu, sauter un petit obstacle, mettre le nez par terre... Cette fois, Jean-Luc a laissé chacun choisir son rôle. Il les a aidés à organiser la succession des intervenants et la gestion du temps, sans rien imposer. Il s'est finalement attribué la tâche qui ne séduisait personne. Grâce à cette bonne préparation, chacun savait ce qu'il devait faire et était motivé puisqu'il avait choisi sa mission. Le groupe a atteint les objectifs qu'il s'était fixés (respect du temps et des niveaux de difficulté, c'est-à-dire en travaillant parfois avec une longe et parfois avec un animal totalement libre). Le cheval a perçu une plus grande cohésion et une meilleure organisation dans le groupe. Son adhésion a été beaucoup plus franche et tous les exercices ont pu être réalisés de façon très fluide. Le groupe a ressenti et exprimé une grande satisfaction, liée autant à la réussite du projet qu'au sentiment que chacun a eu de pouvoir prendre sa place à hauteur de ses compétences.

Ce manager n'aurait probablement pas accepté d'entendre cette remise en question dans un autre contexte, ainsi que nous l'ont confié en aparté certains de ses collaborateurs. Les réactions objectives du cheval ont permis une prise de conscience en douceur et une évolution dans son positionnement en tant que manager,

1. Figure d'équitation consistant à enchaîner deux cercles de tracé équivalent en changeant de sens pour dessiner un 8 au sol.

avec un bénéfice pour toute l'équipe. Jean-Luc a pu immédiatement mettre en pratique un nouveau mode de fonctionnement et en apprécier les avantages.

Accompagner le changement

Nous avons eu le plaisir de recevoir un groupe de consultants. Des spécialistes de la stratégie managériale venus se prêter à l'expertise du cheval pour affiner ou réviser leur pratique. C'était en quelque sorte l'analyste analysé, et pour nous, une cible passionnante. D'autant plus que la demande spécifique de l'entreprise portait sur l'aptitude à accompagner le changement. En l'occurrence, les capacités analytiques du groupe ne faisaient aucun doute et le compte rendu final de la journée fut un modèle : toutes les idées étaient organisées, les nouveaux usages à mettre en œuvre et les difficultés à éviter parfaitement définis. De fait, lorsqu'ils interviennent au sein d'une entreprise, après documentation, entretien et analyse, ces consultants proposent le plus souvent des solutions pertinentes. Cependant, faute de délais suffisants, ils ne participent que rarement à l'accompagnement des solutions qu'ils préconisent. Par conséquent, les consultants peuvent difficilement apprécier l'impact émotionnel du changement sur les individus et les délais nécessaires à son élaboration. La mise en situation avec le cheval, qui n'accepte pas volontiers la nouveauté, a été riche d'enseignements.

Pour le cheval, le changement est anxiogène. Sa vitesse d'adaptation dépend de sa personnalité et de l'ancrage plus ou moins long d'une habitude à modifier. L'animal n'utilise pas toujours sa capacité de généralisation. Ainsi, le cavalier est souvent surpris d'observer qu'un exercice réussi sur un latéral de sa monture n'implique pas la réussite de l'autre côté. Chaque fois, le cavalier doit faire comprendre son intention au cheval. Expliquer ne se limite pas à réprimander lorsque la réponse est incorrecte. Même si, initialement, enseigner à apprendre prend plus de temps qu'exiger, donner envie à son collaborateur est une source d'optimisation de son potentiel et le gage d'un apprentissage serein. Le formateur doit aussi avoir l'intelligence de proposer des tâches accessibles à l'animal. Vous ne ferez jamais un danseur étoile d'un percheron ! La progressivité, aller du simple au complexe, est la voie la plus sûre pour obtenir le consentement du cheval et préserver son moral. Savoir motiver et récompenser sont des outils importants de la validation ou de l'infirmation des réponses du cheval. Si la coercition ou la réprimande produisent parfois une réponse plus rapide, elles sont génératrices de stress et peuvent déboucher sur la paresse, la mélancolie, ou même le burn-out, que connaissent aussi les chevaux.

Le rapprochement est facile avec le mode d'apprentissage des individus confrontés au changement au sein de l'entreprise. Le cheval permet de vérifier instantanément la pertinence d'un choix et de le modifier jusqu'à obtenir la réponse souhaitée.

Ainsi, Thierry travaille avec un cheval effrayé par la bâche bleue et adopte d'emblée une stratégie autoritaire. Il entre en opposition frontale avec l'animal, ce qui entraîne le refus de ce dernier. Thierry s'énerve, le cheval s'entête, et l'exercice se solde par un échec et un grand sentiment de frustration. On propose à Thierry des clés pour réussir : procéder par approche-retrait pour désensibiliser le cheval, lui demander une écoute plus grande par une succession d'arrêts et de départs au pas, lui proposer de passer la bâche dans le sens de la largeur en lui laissant la possibilité de sauter par-dessus dans un premier temps. Au bout de quelques passages, le cheval se détend et finit par accepter de poser les pieds sur le plastique. Il ralentit progressivement son allure. Pendant tout l'exercice, Jean-Paul se tient à côté du participant et intervient sur la longe pour la tendre ou la relâcher quand nécessaire. Accompagné de la sorte, Thierry réalise finalement l'exercice avec ce cheval. Pour qu'il prenne conscience de sa capacité à adopter de nouvelles stratégies, nous lui proposons le même exercice avec un cheval plus compliqué. Spontanément, Thierry procède différemment : il se montre beaucoup plus patient, choisit une approche progressive qui désensibilise le cheval (approche-retrait-contournement de l'objet effrayant). Il réalise que le résultat est atteint dans la sérénité grâce à la patience dont il a su faire preuve. Quelques semaines après cet exercice, Thierry nous a confié que ses relations étaient devenues beaucoup moins conflictuelles avec son entourage.

Entre exercices pratiques et débriefings, chacun peut repenser son mode de fonctionnement. Après une journée de formation, la prise en compte du temps nécessaire pour obtenir une modification de comportement durable chez l'animal est devenue une réalité. Nos participants se disent convaincus que ce facteur temps doit être intégré dans les projets de changement au sein des entreprises.

Savoir construire un projet

Nous avons créé une situation d'équicoaching pour aider les managers à construire une méthode efficace pour structurer un projet. Dans cette situation, le dirigeant se trouve dans un environnement inconnu : le monde du cheval. Il n'a pas les compétences techniques pour mener à bien sa mission et doit être capable de déléguer, trier l'information, hiérarchiser les priorités, établir un calendrier, contrôler les étapes de réalisation. Le projet consiste pour le néophyte à faire sauter le cheval en liberté pour évaluer ses capacités physiques à l'obstacle, tout en respectant son intégrité physique et morale. Il s'agit là d'un exercice particulièrement exigeant, dans lequel il faut savoir poser les bonnes questions pour obtenir les informations utiles et prévoir un programme de référence.

Le candidat dispose de deux obstacles : un oxer[1] bas de préréglage ; un deuxième obstacle dont il peut faire varier la hauteur et la forme à chacun des dix passages du cheval. Pour conduire la séance de travail, les informations suivantes lui sont données : le travail sur oxer permet d'évaluer la force ; le travail sur vertical aide à apprécier la technique de saut ; la barre tombée indique un choix inapproprié en dosage, progressivité ; un refus du cheval indique un mauvais choix stratégique. À tout moment, le candidat peut demander de l'aide et des précisions aux coachs mais il doit lui-même élaborer une stratégie, organiser ses choix de passage pour avoir les informations sur le caractère du cheval, ses capacités techniques et son style à l'obstacle. Il doit enfin livrer ses conclusions à l'issue des dix passages du cheval. L'analyse de sa prestation tient compte des critères suivants : qualité d'observation, capacité à prendre des informations utiles, à s'entourer dans l'aide à la décision, choix des stratégies, capacité d'adaptation, d'assumer ses choix et de se remettre en cause, assertivité et empathie, prise en compte des phénomènes de lassitude et de fatigue, gestion d'objectifs contradictoires et hiérarchisation des priorités.

L'épreuve fait appel aux capacités d'adaptation du candidat car il ne possède aucune expérience antérieure dans ce domaine et que les surprises sont inévitables. Seules ses expériences théoriques et pratiques en tant que manager vont le guider vers des choix utiles.

Parmi ceux qui se sont prêtés à l'exercice, nous avons été impressionnés par la prestation de Marc, cadre décisionnaire de haut niveau qui, lorsque nous l'avons rencontré, vivait une période de doute sur ses capacités. Il réussit en un quart d'heure à comprendre toutes les interactions mises en jeu et à prévoir un déroulé cohérent. Le cheval qu'il devait faire sauter présentait un défaut dans sa technique de saut : il ne levait pas suffisamment les genoux. Marc a identifié cette faille dès

1. Obstacle constitué de deux plans verticaux où soit les barres supérieures sont au même niveau (oxer carré), soit le deuxième plan est plus haut que le premier (oxer montant).

les premiers sauts. Il a donc construit un dispositif avec deux obstacles verticaux, dont l'écartement laissait la possibilité à l'animal de faire trois foulées de galop entre les deux sauts. Il a progressivement monté la deuxième barre et a demandé la possibilité de positionner deux barres en V renversé sur le deuxième obstacle. Ce montage oblige le cheval à s'éloigner de l'obstacle et à "forcer" un peu la montée des genoux. Sur le saut à 1,20 mètre, le cheval a touché la barre de l'antérieur. Il n'a donc pas proposé de hauteur plus élevée et a cessé la séance après que le cheval est repassé sur cette même hauteur avec une amélioration de son geste des antérieurs. La mise en application se révèle digne d'un professionnel chevronné, capable de livrer une expertise étayée sur les faits observés et sur la valeur du cheval qu'il a à évaluer. Marc a identifié la faiblesse du cheval, lui a proposé un exercice pour l'aider à s'améliorer et a su doser l'effort pour ne pas l'écœurer.

Comme le disait Einstein, pour développer tout son potentiel, il faut sortir de sa discipline de prédilection et apporter l'originalité de son regard à un nouvel espace. En somme, ne pas posséder la culture officielle dans un domaine permet parfois d'appréhender différemment les difficultés et d'y apporter des solutions inédites et pertinentes. Grâce à la réponse objective du cheval, Marc est ressorti rassuré sur son potentiel et ses compétences. Mais il a gagné plus que la confiance en lui. À travers cette expérience, il a compris qu'il possède des capacités d'analyse transposables à des domaines variés. Il a également découvert que le recul que donne l'ignorance peut être un atout, que ne pas maîtriser toutes les données et les codes d'un environnement n'empêche pas d'en avoir une vision suffisamment pertinente pour bâtir un projet.

S'inspirer utilement du leadership équin

Nous observons lors des sessions de formation que la réussite des exercices individuels dépend bien plus souvent de la conviction intérieure du participant que d'un quelconque savoir-faire équestre. Tous les cavaliers savent combien la prédisposition mentale détermine le succès face à l'obstacle ou tout simplement pour faire monter un cheval récalcitrant dans un van. Le moindre doute sur la réussite de l'opération se communique au cheval. L'échec est certain. En revanche, aborder cette manipulation en étant absolument convaincu qu'on va réussir, quitte à y passer la journée, garantit son succès.

De même, si on observe un troupeau de chevaux, le dominant n'est pas forcément le plus grand et le plus fort. L'un de nous l'a vérifié en introduisant une jeune pouliche de race poney, âgée de six mois, dans un troupeau de trois selles français de taille adulte. La petite, dotée d'un caractère affirmé, sachant très bien ce qu'elle voulait et n'ayant pas peur de grand-chose, a pris le dessus sur l'un des chevaux et s'est adjugé le troisième rang sur quatre, alors que son format et son âge la destinaient plutôt à la dernière place. Sans vergogne, au moment de la distribution des rations, elle lançait ses minuscules sabots à la face d'un des chevaux, réussissant à le faire reculer alors qu'il faisait trois fois son poids et sa taille !

L'exercice de la bâche bleue, déjà décrit précédemment, est une des meilleures occasions pour nos participants de faire preuve de conviction. Le cheval ayant peur, il est très important que l'humain ait confiance pour deux et transmette cette confiance à l'animal. Nous avons ainsi proposé l'exercice à Hélène, jeune cadre d'un groupe d'édition. La première fois, elle n'a pas réussi à faire passer le cheval. Du reste, avant d'essayer, elle avait confié qu'elle doutait de sa capacité à le convaincre. Lorsqu'elle a vu ses collègues réussir, Hélène a changé son discours intérieur. De "je ne suis pas sûre d'y arriver", elle est passée à "si les autres y arrivent, je devrais pouvoir le faire aussi". Encouragée par son équipe et par les coachs, elle a modifié son regard sur elle-même. La jeune femme a réussi l'exercice lors d'un deuxième essai, en faisant preuve de beaucoup de ténacité. Elle a pris la longe solidement dans sa main, a demandé à la jument Wonnerfee de la suivre sans la dépasser (donnant un coup sec sur la longe chaque fois que celle-ci voulait passer devant). Puis elle s'est dirigée droit vers la bâche, sans hésitation, sans se retourner, regardant droit devant elle, d'un pas énergique mais dans une attitude calme. Tous les observateurs, coachs compris, ont été étonnés de la facilité avec laquelle la jument a suivi, sans chercher à se dérober. À la fin de la journée, Hélène nous a expliqué que ce qui avait simplement changé en elle était sa conviction intérieure. Nous avons pu faire un parallèle avec le rôle du manager, qui entraînera son équipe s'il est lui-même convaincu du projet, des méthodes, des valeurs de son organisation.

Lors du dressage, le cavalier tire sa légitimité vis-à-vis du cheval de sa capacité à obtenir la réponse à une demande. Certains chevaux sont plus difficiles à dresser que d'autres. Il faut connaître ses propres limites et éviter de se retrouver dans une situation où il est très probable que le cheval ne réponde pas à votre attente. Il vaut mieux alors ne rien demander plutôt que demander et ne pas être obéi, et attendre un moment plus propice. Lorsque vous ne donnez pas d'ordre, on ne vous désobéit jamais, mais si vous donnez un ordre, vous devez recevoir une réponse d'adhésion ou engager tous les moyens nécessaires pour l'obtenir. Le même principe s'applique dans l'entreprise ou dans toute relation d'autorité : lorsqu'on perçoit que le risque de ne pas être obéi est grand, il est moins dangereux pour sa légitimité de ne rien demander que de donner l'ordre coûte que coûte. En d'autres termes, on gagne beaucoup à réunir les conditions qui rendent facile l'adhésion à une consigne.

Les avantages acquis

Lorsqu'il faut obtenir du cheval son adhésion pour faire des exercices plus ou moins attrayants pour lui, la problématique des différents groupes est de trouver quels sont ses leviers de motivation.

Un certain nombre d'entre eux se retrouvent vite pris au piège de la carotte, cette fois utilisée au sens propre du terme.

Retrouvons les cadres du palace parisien dans un autre exercice en équipe. Trois tâches sont proposées : conduire le cheval dans un slalom avec le choix de tenir ou pas l'animal, faire décrire un cercle d'une dizaine de mètres à l'animal avec toujours l'option de le tenir ou pas, enfin obtenir l'immobilité du cheval dans une zone dessinée au sol sans le tenir et en s'éloignant de cinq mètres. Ce dernier exercice suscite les plus grandes difficultés et, après plusieurs essais, une équipe remarque que l'usage de carottes, comme renforcement positif, s'avère efficace. Après qu'on a essayé plusieurs fois la situation pour que chacune des deux équipes teste l'efficacité des choix stratégiques retenus, le cheval a donc mangé une quantité de carottes non négligeable mais le résultat est là. Pour gagner, chaque équipe doit réussir les exercices dans l'ordre qu'elle veut, respecter le temps imparti et tout obtenir dans le confort pour le cheval.

Pour avoir la meilleure gestion du temps, l'équipe qui utilise les carottes comme moyen d'acheter la bonne volonté du cheval décide de placer l'exercice sur l'immobilité du cheval en second. Le top départ est donné pour l'évaluation finale et le slalom se passe au mieux. Le cheval est alors récompensé de carottes. Il s'immobilise et reçoit de nouvelles carottes. L'équipe veut entamer le troisième et dernier exercice mais le cheval n'accepte plus de bouger. Quel meilleur moyen de le remotiver qu'une carotte ? Le cheval accepte l'offrande, mais ne voit pas l'intérêt de suivre qui que ce soit, puisque, d'une part, les carottes sont livrées à domicile et que, d'autre part, il en a tellement mangé qu'il n'a plus faim. La limite entre renforcement positif et sentiment de dû a été franchie, brisant tout espoir de collaboration avec l'animal. Tel est pris qui croyait prendre !

La leçon a trouvé un écho immédiat chez ces hôteliers qui, face à une clientèle difficile, procurent des avantages de surclassement de chambre ou des cadeaux pour soit fidéliser la clientèle, soit donner réparation face au mécontentement du locataire d'une chambre.

Par conséquent, lors du séjour suivant, ce qui était un geste exceptionnel est souvent attendu comme un dû. Le traitement de faveur perd son caractère de cadeau ou sa vertu réparatrice. Pire encore, il peut engendrer une réclamation du client désagréable qui tient pour acquis ce qui devait être un traitement d'exception.

Le mécanisme est généralisable à n'importe quelle branche d'activité en matière de management. Chez les collaborateurs, on court le risque d'une exigence toujours décuplée pour des avantages matériels ou financiers, si les règles ne sont pas posées à l'avance. Il y a donc une prise de conscience de la nécessité de cultiver la rareté pour conserver l'attrait et l'efficacité d'une récompense. L'exceptionnel est un moyen de donner de la valeur.

CONCLUSION

Le management à l'ancienne, un brin paternaliste, souvent autoritaire, fondé sur un empilement d'échelons hiérarchiques, a sans doute fait son temps. Il ne convient plus aux jeunes actifs, ni aux nouveaux modes de communication permis par les nouvelles technologies. Plus récemment, face à un environnement de plus en plus compétitif, les entreprises ont cru gagner en performance en en adoptant le principe de direction par objectifs, facteur de pression et de cloisonnement. Vision de court terme mais qui, sur la durée, entraîne une dégradation des relations humaines, un manque de coopération, des conflits, de la souffrance et un assèchement de toute créativité. Le malaise est largement dénoncé, il inspire la littérature, le cinéma et le théâtre, qui voient dans les dérives déshumanisantes de l'entreprise une source de réflexion à la fois cruelle et savoureuse. Des satires grinçantes fleurissent sur les planches ou les écrans, mettant en scène ces hommes et femmes conditionnés par la dictature du *benchmarking*[1], grignotant une salade devant l'ordinateur qu'ils ne quittent que tard dans la nuit, de peur de paraître moins motivés. On y voit des êtres solitaires élaborant des stratégies impitoyables pour compromettre leurs rivaux ou pulvériser toute forme de résistance à l'atteinte de leurs objectifs, avant de sombrer eux-mêmes, tels des héros faustiens précipités en enfer pour avoir vendu leur âme contre un contrat. Et la réalité dépasse parfois la fiction...

Les nouvelles générations ont soif d'un type de management dit collaboratif, davantage fondé sur l'épanouissement du potentiel de chacun, qui favorise l'autonomie et l'engagement : confiance, authenticité, proximité, complémentarité, plaisir, convivialité. Si l'on reprend les termes de l'analyse transactionnelle, l'enjeu est de passer d'une relation d'adulte à enfant, donc infantilisante, à une relation d'adulte à adulte, propice à la responsabilisation. Dans le renouveau

1. Analyse comparative entre entreprises ou entre services visant à évaluer la performance dans un domaine donné (qualité, productivité, délais).

managérial qui se profile, une tendance se dégage nettement : celle de la valorisation de l'intelligence émotionnelle. Pour la révéler et la développer, le prisme du cheval, tel que nous le concevons, propose sans imposer. Il respecte le libre arbitre, il apporte un regard bienveillant et ouvre des espaces de créativité.

Le cheval parle à tout le monde. Son ancrage dans notre inconscient collectif lui donne une dimension universelle. Il est notre lien à la nature. Lorsque l'homme l'a apprivoisé, tel le Petit Prince de Saint-Exupéry et son renard, il en est devenu responsable et leurs destins se sont liés à jamais. Ce partenaire issu de la terre, l'homme l'a élevé au rang des dieux. Il lui accorde une dimension spirituelle, le représentant comme monture des armées célestes dans l'Apocalypse de saint Jean. Le cheval blanc transporte Jeanne d'Arc, saint Georges... et le Christ lui-même (Apocalypse, XIX, 11) dans la religion chrétienne. Chez les musulmans, Mahomet chevauche également un destrier immaculé. La tradition chevaleresque fait du cheval le noble compagnon de la quête spirituelle, à l'instar des croyances chamaniques, qui voient en lui la passerelle et l'intercesseur entre le monde des vivants et celui des morts.

Paré de tant de symboles, de vertus et de pouvoirs, comment le cheval pourrait-il être réduit au rang de simple "outil" ? Son impact va bien au-delà d'un rôle fonctionnel et nous sommes loin de comprendre et de maîtriser la richesse qu'il nous apporte au quotidien.

Comme l'indique le *Dictionnaire des symboles* de Jean Chevalier et Alain Gheerbrant[1], il constitue l'un des archétypes fondamentaux inscrits dans la mémoire de l'humanité, universel par l'étendue de son symbolisme : "Le cheval passe avec une égale aisance de la nuit au jour, de la mort à la vie, de la passion à l'action." C'est aussi cette dimension presque sacralisée de l'animal qui explique sans doute la fascination qu'il exerce lors de nos journées de formation. Il permet à chacun de s'évader, de faire une parenthèse dans

1. Jean Chevalier et Alain Gheerbrant, *Dictionnaire des symboles*, Seghers, 1977.

sa vie, pour redécouvrir des dimensions profondes et enfouies au plus profond de soi. Jérôme Garcin l'exprime d'une manière juste et poétique dans son très beau livre *Le Voyant*[1] : "Le cheval est un médium. Il est doué d'un sixième sens. Il sent tout, il sait tout de nous, même ce qu'on lui cache. Nos douleurs enfouies, nos regrets et nos remords inavoués, il les décèle et les porte sur son dos large, impassible et musculeux. Il sait reconnaître, à son poids, à son usage des aides, au battement de son cœur, le prétentieux, le modeste, le courageux, le craintif, le sourcilleux, l'inconscient. Il est indulgent avec les fragiles, mais ne passe rien aux acrimonieux. Il n'a pas besoin de voir pour comprendre... Il est la version animale du juge de paix."

Nous avons tenté de décortiquer et d'analyser tout ce qui peut se jouer dans notre inconscient sur le plan fantasmatique dans notre relation avec les équidés. Néanmoins, gardons à l'esprit que, comme dans toute rencontre, il reste une part de mystère. Tout ne s'explique pas. Pour comprendre au sens *faire sien*, il faut pouvoir vivre et expérimenter. C'est ce que nous proposons.

Ce que nos ancêtres avaient empiriquement compris à travers leur relation quotidienne avec les animaux, la science nous le démontre aujourd'hui. Les êtres vivants ont besoin de vivre en connexion avec leurs congénères. Ce lien fondamental fait baisser tous les paramètres du stress. En entreprise, la prévention des risques psychosociaux passe par l'intérêt que porte la direction au bien-être au travail. Robert Zuili, psychologue comportementaliste, écrit dans la revue des ECPA[2] : "Investir le bien-être, c'est obtenir la garantie d'une meilleure adhésion à la politique de l'entreprise, à ses valeurs, parce qu'elles seront plus conformes aux valeurs personnelles ainsi que la garantie d'une performance accrue. La manifestation la plus

1. Jérôme Garcin, *Le Voyant*, Gallimard, 2015.
2. La revue des ECPA, *L'avenir est dans l'homme*, septembre 2012.

forte de la dimension symbolique en entreprise est le lien entre les personnes. Cela veut dire que l'entreprise doit travailler sur ce sujet avec les managers de proximité, qui sont les systèmes d'articulation relationnelle les plus puissants, les sensibiliser et les former à la restauration du lien entre eux et leurs collaborateurs, eux et leurs pairs, eux et leur hiérarchie." Les managers commencent à comprendre que le temps passé à construire ces liens n'est plus en opposition avec les objectifs de performance. Ils permettent au contraire de faire baisser le niveau de stress provoqué par l'obligation de produire des résultats.

La France comptait 3 millions de chevaux en 1935, puis seulement 269 000 en 1989! L'effondrement des effectifs annonçait logiquement sa disparition. L'avènement des transports motorisés et la mécanisation de l'agriculture l'avaient rendu inutile. Or, étonnamment, à l'heure de la robotique et de l'hyperconnexion, le cheval trouve une nouvelle légitimité. Nous faisons le pari qu'il aura un rôle de facilitateur dans cette transition du monde précédent au monde nouveau. Il réconciliera les anciens et les modernes, rapprochant les générations par sa capacité à favoriser la création de liens. Notre monture, autrefois cheval de guerre, en passe de devenir cheval de paix?

Bien des méthodes de dressage des chevaux ont été décrites, qui vont de la brutalité à la recherche de la plus parfaite complicité. Néanmoins, depuis longtemps, les grands sages de l'art équestre ont découvert de manière empirique les bénéfices de la relation complice entre deux êtres vivants, principe que les sciences humaines prônent aujourd'hui au travers de l'"éducation positive". Voilà une belle justification de l'usage du cheval dans notre société moderne, et la preuve que, loin d'incarner une époque révolue, il est toujours en avance sur son temps. C'est aussi une incitation à introduire sa médiation dans d'autres domaines qui, comme l'entreprise, mettent en jeu les notions d'organisation sociale, contraintes, performance, évaluation. On songe naturellement à l'éducation. Montessori, Steiner et autres écoles alternatives relèvent le défi de faire progresser harmonieusement l'enfant en cultivant autant ses compétences émotionnelles qu'intellectuelles. Ces programmes éducatifs novateurs entendent porter une attention individuelle aux personnalités de chacun, à leur rythme d'apprentissage, développer les qualités, donner confiance, encourager, épanouir, plutôt que formater, dresser, sanctionner. Comme les nouveaux modes de management, il s'agit de répondre à un immense besoin d'authenticité et de bienveillance. S'il s'avère que l'entreprise utilise avec succès la médiation du cheval pour avancer dans cette direction, l'école devrait aussi pouvoir en tirer un bénéfice considérable. Ce n'est là qu'une piste pour continuer d'explorer l'immense potentiel du cheval médiateur dans notre société.

Nous espérons, au terme de ces quelques pages, que notre lecteur aura voyagé agréablement à nos côtés dans l'univers des chevaux médiateurs. Nous aimerions que la prochaine fois qu'il croisera un équidé dans un pré au détour d'un chemin, il y voie un être sensible et généreux qui pourrait avoir beaucoup à lui apprendre. Le cheval nous murmure à l'oreille, écoutons-le.

TÉMOIGNAGES

Nicolas Melin, DRH de S. T. Dupont

“Nos collaborateurs ont fait des dizaines de formations au management, dont le résultat n’avait pas été très marquant, d’où un manque d’enthousiasme à l’idée de réitérer l’expérience. Or cette fois, j’avais demandé à Arnaud Camus une formation vraiment atypique. Je n’ai pas prévenu mes collaborateurs de ce qu’ils allaient faire. Je leur ai seulement dit qu’ils allaient vivre quelque chose de surprenant. Effectivement, les gens ne s’attendaient pas à cela : travailler avec un cheval, ce n’est pas commun ; se voir à travers lui, entendre de la part du coach une description tellement juste de leur personnalité et de leur comportement, c’était extraordinaire. Tous ont été profondément marqués par la journée d’équicoaching. Ils l’ont vécue comme un moment très fort, de partage et de révélations, notamment sur eux-mêmes. Certains ont pleuré.

J’ai successivement envoyé trois groupes au Haras du Pin : le comité de direction, des cadres commerciaux, puis des cadres de la manufacture. Tous ont vécu l’expérience avec la même intensité. Au retour de chaque groupe, le bouche à oreille a fonctionné dans l’entreprise. On voyait bien que ceux qui revenaient avaient vécu quelque chose d’exceptionnel, mais ils ne racontaient rien. D’abord, et c’est remarquable, dans le souci de préserver pour les autres l’effet de surprise, qui fait partie de la magie de cette formation. Et puis parce qu’ils étaient en phase de digestion de ce qui leur était arrivé, sans doute pas encore capables d’analyser ce qui s’était passé.

J’ai participé à la journée avec le premier groupe, observé les réactions des uns et des autres, autant dans le manège qu’autour. J’ai été frappé par le silence respectueux et attentif des spectateurs quand leurs collègues faisaient les exercices. Finalement, pendant la journée, tout le monde est actif en permanence. Il y a un tel sentiment d'identification que chacun est totalement impliqué en permanence, même lorsqu'il ne manipule pas le cheval. On apprend en faisant et en regardant faire.

Chez nous, on peut dire qu'il y a eu un avant et un après l'équicoaching. C'est ce que disent ceux qui ont vécu la formation et c'est aussi ce que je remarque au quotidien, plus d'un an après. Le ressenti est très fort sur le coup, mais il y a aussi un effet retard très puissant car on apprend sans s'en rendre compte et les enseignements ressortent sur le long terme dans des domaines variés. Par exemple, nous savions que certains cadres faisaient passer les décisions en force. C'est ce qu'a confirmé le travail avec le cheval, d'où la prise de conscience de certains réajustements nécessaires, qui se sont faits en douceur. D'autres, qui préféraient des méthodes plus conciliantes, ont compris face au cheval que cela ne fonctionnait pas. Ils ont travaillé sur leur force de conviction. Les manières de manager ont changé. C'est surtout sur le plan du *team building*[1] que cette formation est incomparable. Le souvenir de ces journées est très présent chez nos collaborateurs. Ils y font souvent référence. Ce moment de partage fait maintenant partie de leur culture."

Frédéric Faure, vice-président et DRH d'Unilever

"Le 12 février 2015, par une belle journée d'hiver, mes collaborateurs et moi-même sommes venus participer à une journée d'équicoaching dans le cadre magnifique du Haras du Pin. Je souhaitais travailler sur la cohésion du groupe dans un objectif d'amélioration de la performance, en vivant des moments forts émotionnellement.

Nous avons tous été frappés de l'effet révélateur de l'animal, qui ne se comporte pas du tout de la même façon avec deux personnes différentes. Le cheval offre toujours une réponse juste : on ne peut

1. Objectif consistant à renforcer l'esprit d'équipe.

pas lui mentir, ou le manipuler. Il donne le ton de la journée : nous avons travaillé en vérité.

Certains sont arrivés très anxieux de s'approcher des chevaux, d'autres très dubitatifs sur ce que ceux-ci pourraient leur apporter. Les membres de mon équipe et moi-même avons été tour à tour surpris, curieux, intéressés, fiers de réaliser des exercices que certains n'auraient jamais imaginé pouvoir réussir, dans un climat de confiance, de sécurité et de sérénité. Différents ateliers nous ont permis d'aborder la notion de création du lien, de gestion du stress et du travail en équipe, les animateurs adoptant toujours une démarche positive et constructive dans leurs analyses. Les exercices avec le cheval ont permis des prises de conscience dans la dynamique du groupe et la mise en œuvre de nouvelles façons de fonctionner ensemble. Nous avons tous pu faire le parallèle avec notre environnement de travail, chacun a pu exprimer ses besoins quant à nos modes de fonctionnement. Le groupe a notamment pris conscience de la nécessité de développer plus d'entraide et d'échange dans l'équipe au quotidien.

L'effet miroir très puissant du cheval a marqué les esprits. Le fait de sortir de sa zone de confort a permis de réelles prises de conscience et des modifications de comportement. Le sentiment est que l'humain a été au centre de cette journée, grâce à l'équin. En résumé, la journée a été vécue comme « un vrai cadeau ».

Quelques mois après la formation, j'observe que l'impact de cette journée continue de se diffuser, notamment par le regard différent que chacun peut porter sur l'autre, permettant un meilleur dialogue. Les personnalités se sont révélées, ce qui aide à mieux travailler dans la complémentarité, améliorant ainsi la performance du groupe."

Valérie Ressy, DRH du Mandarin oriental

"En mars 2015, nous avons offert la formation d'équicoaching à nos équipes, davantage comme une récompense pour la qualité de leur investissement que comme une formation. À ce titre, nous n'en attendions pas de retour sur investissement. Nous voulions que nos salariés voient ce que nous étions capables de leur offrir en tant qu'employeurs : un moment d'exception à la hauteur du travail exceptionnel qu'ils effectuent.

La ligne directrice de notre travail est la recherche de l'excellence, c'est ce qui nous a valu d'être nommés palace à l'été 2014. Mais comment demander aux gens d'être excellents en les enfermant dans une salle pour leur donner un cours théorique ? Nous avons pensé que le management par l'exemple était plus efficace. En les sortant de leur contexte pour leur faire vivre quelque chose d'extrêmement original, nous les encouragions à continuer d'être différents et novateurs dans ce qu'ils font. En ce sens, le choix des Écuries royales de Versailles n'était pas anodin. Cet endroit était pour eux plein de symboles.

Deux équipes, que nous avions volontairement mixées, s'y sont retrouvées à une semaine d'intervalle. Les retours, unanimes, nous ont prouvé que nous avions fait le bon choix. Ils ont été bluffés par tout : la qualité de l'organisation, la justesse des analyses, la magie du cadre... Aucun d'eux ne soupçonnait qu'on pouvait apprendre autant d'un cheval. Personne n'a été déstabilisé, et tant mieux : nous ne voulions pas changer les gens, mais les aider à mieux se connaître et à comprendre que c'est la somme de leurs personnalités qui fait la richesse des équipes. Dans l'ensemble, j'ai l'impression que les participants ont reçu des confirmations de ce qu'ils savaient d'eux, de leur valeur et de ce qu'ils apportent à l'entreprise. Nous n'avons pas demandé à en savoir plus sur ce qui s'était passé. Ils ont beaucoup apprécié de recevoir chacun un compte rendu personnalisé de la journée. Nos collaborateurs sont habitués à travailler en équipe et la communication est l'essence même de notre métier. Mais sur le plan de la cohésion, la formation d'équicoaching a marqué une étape supplémentaire. On sent que c'est une expérience qu'ils se sont appropriée. Ils en parlent encore entre eux assez régulièrement. On n'oublie pas quelque chose de très fort qu'on a vécu ensemble."

Olivier Leroy, responsable des formations au Mandarin oriental

"Juste extraordinaire ! C'est mon sentiment et celui de beaucoup de mes collaborateurs sur la journée que nous avons passée. Les intervenants m'ont littéralement scotché : ils m'ont vu évoluer cinq minutes avec le cheval et la description qu'ils ont faite est tombée parfaitement juste. C'était la première fois que j'approchais vraiment un cheval et j'ai vécu avec lui une aventure personnelle très belle, un moment de bonheur vraiment génial. Ce qui s'est passé avec le cheval était sublime. Je ne peux pas vraiment analyser ce qui s'est passé, mais je sais qu'il y a une sorte de tendresse qui s'est communiquée. J'ai été très à l'écoute des recommandations des coachs pour construire au mieux une complicité et ça a marché. Chaque fois que le cheval faisait ce que je lui demandais, je l'ai récompensé par des caresses et des paroles. Je me suis complètement laissé aller, malgré le regard des autres. Après coup, je réalise que c'est étonnant car je suis habituellement gêné par le jugement extérieur. Là, pas du tout. J'ai complètement oublié les spectateurs pour me laisser porter. Sans doute parce que je me sentais en sécurité et dans une ambiance bienveillante. Je pense que l'équicoaching m'a aidé sur ce point : prendre du recul en accordant moins d'importance au regard des autres, mais tout en restant attentif à mon environnement. J'en ai tiré d'autres enseignements que j'applique au quotidien : être clair et cohérent dans ses demandes, savoir recadrer, valoriser le positif...

Dans les deux équipes qui ont eu la chance d'aller aux Écuries royales de Versailles, nous avons mélangé des personnes qui n'avaient pas l'habitude de travailler ensemble. Du coup, l'équicoaching a permis des rencontres. On en voit les bénéfices au quotidien, dans la manière qu'ont les gens de communiquer, de collaborer, et dans l'ambiance générale. Pendant les deux journées de formation, ils se sont détendus, ils ont beaucoup ri. Pour ma part, en fin de journée, j'ai ressenti une sérénité absolue, qui s'est prolongée pendant plusieurs jours. Mes collaborateurs m'ont dit avoir vécu la même chose. Deux semaines plus tard, nous avons organisé une réunion des chefs de service avec tous ceux qui avaient participé à la formation. On leur a demandé quels avaient été le pire et le meilleur moment vécus dans les semaines passées. Pour le meilleur, tous ont répondu sans hésitation : l'équicoaching ! Presque un an après, il suffit de l'évoquer pour voir des sourires s'afficher sur les visages. En tant que responsable des formations, et ayant expérimenté d'autres formations émotionnelles, celle-ci n'a pas son pareil. Je la recommande les yeux fermés !"

Laura, directrice marketing dans une société de luxe

"Manager issue d'une école de commerce formatant les élèves à coups d'actions-réactions et de solutions « préconçues », je dois avouer avoir été dubitative à l'annonce de notre participation à une journée d'équicoaching. Après quelques recherches sur cette formation, je me rendis compte de son originalité, de son positionnement haut de gamme et surtout de son caractère rare. Son objectif principal était l'appréhension par chaque membre de son positionnement dans une équipe à travers la relation avec un animal sensible : le cheval. Certes, cette journée équestre s'annonçait sympathique et dans un cadre exceptionnel, mais après avoir passé six ans à l'écoute de mes collaborateurs, je m'interrogeais : qu'allait-elle bien pouvoir nous apprendre alors que les rapports professionnels manager-collaborateurs et intercollaborateurs construits étaient transparents et établis dans un schéma installé ?

Le premier atelier, qui visait à faire se mouvoir un cheval en semi-liberté sans le toucher à un rythme et dans des directions choisis, posait les bases de cette journée : d'exercices *a priori* simples avec nos partenaires équins, Jean-Paul Bérard allait extraire la quintessence de chacune de nos personnalités. Chaque fois, il tirait un portrait extrêmement éclairé, fin et juste du protagoniste, tant de sa personnalité que de sa posture et son positionnement dans l'équipe. Quand mon tour est venu, et alors que Jean-Paul décrivait mon profil en présence de mon équipe, je lui ai fait part de mon étonnement sur certains points. Grâce à la validation unanime et bon enfant par les membres de mon équipe, j'ai compris qu'il était dans le vrai. J'ai pris conscience de l'image que je renvoyais et du décalage entre cette image et celle que je m'en faisais. J'ai vu aussi l'incidence de ma posture, du dosage entre confiance et dynamisme, pour convaincre et atteindre des objectifs.

Les ateliers animés par Laurence permettent constamment d'établir les liens avec nos agissements dans le contexte professionnel. Chacun formalise ses points de force et, naturellement, prend conscience des points de développement à sa portée. De manière progressive et délicate, les différents exercices avec les chevaux révèlent les qualités de chaque personnalité.

Il me semble que l'équicoaching permet une sensibilisation au dangereux mécanisme réflexe des managers : celui de gérer de la même manière des situations jugées identiques ou mettant en jeu des collaborateurs de même niveau. En tant que leader, cette expérience avec les chevaux (transposable à l'humain) m'a fait comprendre à quel point il est nécessaire d'être à l'écoute, d'adapter ses manières d'être en fonction du contexte et de l'interlocuteur pour un gain d'efficacité et une coopération optimale (évaluation du niveau d'un collaborateur, repositionnement dans le cadre d'une mission, correction dans les actions).

D'un point de vue collectif, cette formation aura vraiment permis de renforcer les liens à long terme, grâce à une meilleure compréhension des personnalités. Avec le recul, il est certain que l'équicoaching a été à l'origine d'une nouvelle dynamique de groupe. Cette formation a également permis de confirmer l'adhésion de chacun à la culture de l'entité (service ou structure), sa forte appartenance et contribution à l'entreprise, tel un « tout » qui n'existe que par la somme des individualités qui le composent. En tant que manager, j'ai pu, lors de cette journée, confirmer les traits caractéristiques de mes équipes et leur implication : investissement dans les actions, sens du défi et de la solidarité pour l'atteinte des objectifs, orientation vers la performance et volonté de convaincre. Cette journée de formation a été le miroir de notre culture d'entreprise.

De manière surprenante, des chevaux aux personnalités marquées, choisis comme partenaires par chacun d'entre nous sur une base purement instinctive, se sont avérés être les plus ressemblants et concordants aux personnalités de chacun. Chacun a « misé sur le bon cheval ». Pour autant, après une journée de « travail » en duo, nous en sommes arrivés à la conclusion que « ce n'est pas avec ceux avec qui on s'entend le mieux que l'on travaille le mieux ». Une bonne leçon à retenir pour le monde de l'entreprise...

À la lecture de ce témoignage, vous comprendrez que cette journée de formation équicoaching a non seulement atteint son objectif de créer un moment de partage collectif (intrinsèque à toute formation *team building*), mais elle est allée bien au-delà, en proposant une remise en question individuelle et collective, pour le bien-être personnel et l'avancée de l'entreprise – et ce à tous les niveaux hiérarchiques.

L'organisation, dans un cadre extraordinaire, favorise le dépaysement. La gestion du temps à la fois soutenue et incluant des plages de partage en fait une journée riche et complète. Nous aurions d'ailleurs tous souhaité rester plus longtemps pour approfondir encore et encore cette découverte et ce moment unique d'émotions extrêmes, entre pleurs, joies, rires ! Enfin, quel joli souvenir de recevoir photos et compte rendu personnalisé à nos domiciles à notre retour !

Je me ferai porte-parole de mon équipe pour conclure en remerciant nos formateurs, Jean-Paul et Laurence, pour leur professionnalisme, leur écoute et leurs compétences, pour avoir créé ce « choc » en chacun de nous grâce à l'aide de nos alter ego équins Églantine, Nakito, Quentin, Wonnerfee..."

Cécile, responsable des programmes d'une chaîne de télévision

"Cavalière depuis toujours, je croyais connaître assez des relations avec le cheval pour ne rien attendre d'une formation d'équicoaching. Dans un contexte professionnel très chargé, me retrouver avec des collègues à faire des « papouilles » aux chevaux était la dernière chose dont j'avais envie. Nous étions plusieurs à être assez dubitatifs quant à l'efficacité de la méthode. Or, je me suis laissé prendre au jeu, comme les autres, et personne n'est resté sur le côté. Face à un coach humain, il est facile d'opposer une résistance passive, de rester en retrait si l'on n'a pas envie de se livrer. Face au cheval, qui n'a pas d'intention à notre égard, qui n'est pas payé pour nous ausculter, qui ne nous a rien fait, on se trouve naturellement désarmé. Ce qui est frappant avec le cheval, c'est qu'on ne peut pas faire semblant. Impossible de fausser l'exercice. Quelle que soit la réticence initiale, on est happé malgré soi. La curiosité est attisée au fur et à mesure des exercices, on en oublie la présence de ses collègues et on se laisse facilement prendre au jeu. Dans un séminaire classique où l'on doit prendre la parole devant les autres, et notamment devant sa hiérarchie, on continue souvent de jouer un rôle. Être dans l'action, avec le cheval, force à la spontanéité et à oublier les enjeux.

Le pouvoir révélateur du cheval est surprenant. Lors de l'exercice du cheval miroir, les analyses des personnalités étaient tellement justes que certains se sont demandé si l'on n'avait pas enquêté sur nous au préalable! Pour autant, les portraits esquissés par les coachs n'ont heurté personne : ils ont été formulés de manière suffisamment positive pour ne mettre personne mal à l'aise. Les exercices avec le cheval ont permis de réunir les cavaliers et ceux qui ne le sont pas : un de mes collègues avait une peur bleue des chevaux, je le voyais trembler sur son siège en attendant son tour. Il aurait pu rester figé ; néanmoins, il s'est lancé et a joué le jeu à fond. Le cheval met tout le monde à égalité. Posséder un Galop 7 et la connaissance des techniques pour manipuler un cheval en liberté ne m'a pas forcément été d'un grand secours au final. Devant le refus d'un cheval à passer sous des rubalises, je me suis retrouvée dans l'impasse. C'est un de mes collègues, « néophyte », qui a trouvé la solution en le mettant spontanément au trot et en créant ainsi une dynamique. Solution qui est tout aussi efficace dans notre environnement professionnel. Au début, on ne voit pas forcément le rapport entre les exercices pratiques et notre vie quotidienne. Les coachs nous aident progressivement à les remarquer et, effectivement, les analogies émergent sans arrêt dans les mises en situation.

L'équicoaching casse véritablement les codes des séminaires classiques. C'est une manière ludique et conviviale de poser des questions et de chercher des solutions. Cette journée a révélé beaucoup de choses. Certaines ont été formalisées lors des débriefings consécutifs aux exercices pratiques, mais les remises en question vont au-delà de ce qui est abordé avec les coachs. Je regrette que cette formation, riche d'enseignements, n'ait pas été suivie d'une mise en application dès le lendemain de ce qui avait été initié. Il aurait été utile d'organiser une séance de débriefing entre nous pour mettre en place par exemple des outils de bonnes pratiques. Mais je crois qu'il importe avant tout à chacun de tirer des enseignements personnels."

Frédérique Renault, directrice administrative et financière d'Astera

“J'ai emmené mon équipe au Haras du Pin en novembre 2015. Je voulais offrir à mes collaborateurs quelque chose de différent, marquer le coup. Pour autant, d'après ce que j'avais lu sur les formations d'équicoaching, je n'avais aucune envie de les emmener dans un centre équestre quelconque. Leur offrir une soirée et une journée dans le cadre exceptionnel du Haras du Pin était une sorte de cadeau, une marque de considération qu'ils ont beaucoup appréciée. Ils ont adoré cette expérience. Pourtant, aucun d'eux ne connaissait les chevaux et beaucoup en avaient peur, comme moi ! Même la veille au soir, sur place, ils ne se doutaient pas de ce qu'ils allaient faire. Et tant mieux, car ils m'ont confié que s'ils l'avaient su, ils auraient eu le temps de cogiter et d'appréhender. Être mis devant le fait accompli, sans obligation de faire les exercices, était le meilleur moyen de se lancer.

Nous sommes une équipe soudée, qui traverse une période de tensions avec les autres services. L'objectif n'était donc pas d'améliorer la cohésion et la communication entre nous, mais de travailler sur la gestion du stress et les relations conflictuelles. J'étais persuadée que le côté émotionnel et le contact avec le cheval permettraient à certains collaborateurs sous pression d'exprimer et d'évacuer leur stress. Effectivement, lors des séances de débriefing entre les exercices, ils ont exprimé des choses qu'ils avaient gardées pour eux jusque-là. Quant au travail en équipe, finalement, nous avons bien vu que le cheval nous faisait progresser, là où nous pensions être au point. Les premiers exercices en groupe n'ont pas été concluants. Il faut reconnaître que nous nous en sommes sortis beaucoup mieux en fin de journée, en ayant travaillé sur la cohérence et l'atteinte des objectifs en équipe.

Tout le monde a adhéré. Il faut dire que l'exercice du cheval miroir, extraordinaire, a balayé tous les doutes. Chacun s'est retrouvé très exactement dans la description qui lui était faite de sa personnalité.

En général, je n'ai pas été surprise par ce que j'ai vu et entendu sur mes collaborateurs. J'ai cependant découvert certains traits de caractère que je n'avais pas remarqués avant, mais avec le recul, en repensant à certaines situations, je réalise que je n'avais tout simplement pas pris en compte ces aspects de leur personnalité qui existent bel et bien. Un cas nous a frappés, celui d'une collaboratrice qui a mis le cheval au galop. Elle a bien voulu reconnaître qu'elle était effectivement autoritaire et trop impulsive dans sa vie privée, mais soutenait que cet aspect de son caractère ne ressortait jamais au travail car elle le contrôlait parfaitement. Malgré le « diagnostic » du cheval et notre confirmation, bienveillante mais unanime, cette personne refusait d'admettre ce que tous voyaient… À ce jour, elle n'en a pas reparlé et il est trop tôt, deux semaines après, pour juger de l'impact. Mais je suis certaine qu'au fond d'elle, elle se remet en question et que le temps va faire son œuvre. J'ai vu une autre personne tourner et retourner longuement autour de la bâche bleue, sans jamais se décider à emmener le cheval dessus. Cela m'a beaucoup amusée, car cette personne a justement tendance à tourner autour du pot et a du mal à passer à l'action ! Elle-même a compris qu'il fallait faire autrement.

Ce qui nous intéressait en particulier, c'était trouver la manière d'aborder des personnalités difficiles et d'adapter nos comportements dans des situations conflictuelles. Pour ma part, j'ai réussi à établir un contact très proche et à obtenir ce que je voulais d'un cheval dominant, réputé peu coopératif. Je me suis dit que si j'y étais arrivée, moi qui ai peur des chevaux, c'était sans doute possible avec des personnes avec qui ça n'a pas marché jusqu'ici. Du moins, je vais essayer de trouver le bon langage, la bonne attitude pour débloquer certains conflits. Évidemment, nous sommes conscients que ce qui marche avec le cheval, juste et objectif dans ses réactions, ne marchera pas forcément avec des interlocuteurs de mauvaise foi. C'est la limite, il me semble, des transpositions au monde de l'entreprise, et aux relations humaines en général. Même si, de notre côté, nous adaptons nos attitudes, je crains que les relations ne se débloquent pas face à des personnes dont le caractère, l'ambition ou la position hiérarchique constituent un obstacle infranchissable. Mais en cas d'échec, le travail que nous avons fait avec les chevaux et les formateurs nous aidera certainement à mieux gérer les sentiments de frustration, d'injustice ou de stress qu'occasionnent ces heurts.

Nous avons terminé la journée par un dîner ensemble. À table, nous étions de véritables zombis ! Nous n'avions pourtant pas fait de sport mais tout le monde était éreinté : nous avions beaucoup pris sur nous pour surmonter la peur que nous inspiraient les chevaux, nous avions vécu des moments très forts, libéré des émotions, évacué une bonne dose de stress. Nous étions vidés, mais ravis !"

Corinne Adam, DRH du groupe France Loisirs

"Notre expérience de l'équicoaching s'est déroulée sur une soirée et deux journées. Nous avons donné rendez-vous à l'équipe à Deauville sans dévoiler l'objectif du séminaire. Le soir, la visite du haras de Clarbec les a enchantés et a aiguisé leur curiosité. Mais ils n'ont compris ce qu'ils allaient faire que lorsque nous nous sommes retrouvés le lendemain matin dans le manège du Pôle international du cheval. Je pense que l'effet de surprise et cette phase de mise en scène ont été très importants pour amener les participants à s'ouvrir. L'équipe était une somme de personnalités très différentes, pas un collectif. L'objectif était de travailler ensemble. Les mises en situation avec les chevaux ont fait tomber les barrières, les gens se sont découverts. Nous avons été contraints de collaborer et de communiquer d'une manière tout à fait inédite. Le lendemain, nous sommes restés à Deauville pour une deuxième journée animée par Arnaud Camus. Il s'agissait de révéler le matin les valeurs de l'entreprise. Autrement dit, de réfléchir ensemble à ce que représentait France Loisirs et à ce que nous voulions en faire. L'impact émotionnel de la journée avec les chevaux avait créé un phénomène de lâcher-prise si fort que les participants se sont exprimés sans retenue. Résultat, à la fin de cette deuxième matinée, le constat était général : chaque membre était capable de « vendre » l'image du groupe à l'extérieur, mais en interne nous n'y étions pas du tout! J'avoue que j'étais un peu dépitée. J'avais l'impression qu'on se tirait une balle dans le pied. Or, il fallait justement cette mise à plat, cette déconstruction, pour rebondir et reconstruire sur des bases nouvelles. L'après-midi a été un moment de travail très riche, pendant lequel nous avons redéfini les atouts et la force de la marque. Grâce au cheval, les gens avaient jeté les masques, ils étaient à l'écoute, capables de recevoir des avis contraires et de confronter des idées. Il est évident que cet état d'esprit n'aurait pas été possible sans l'effet *team building* de l'équicoaching. Ensemble, nous avons entièrement refait l'argumentaire de la marque. Je suis convaincue que l'association de ces deux journées, complémentaires, a été réellement fructueuse."

BIBLIOGRAPHIE

François Baucher, *Dictionnaire raisonné de l'équitation*, Jean-Michel Place, 1997.
Claude Béata, *Au risque d'aimer*, Odile Jacob, 2013.
Jean Chevalier et Alain Gheerbrant, *Dictionnaire des symboles*, Seghers, 1977.
Isabelle Claude, *Le Cheval, miroir de nos émotions*, Camaïs, 2010.
Christian Delâtre et Claire Veillères, *L'Équitation, une passion puérile ?*, Le Rocher, 2007.
Antoinette Dellyle, *Ce que les chevaux ont à nous dire*, Le Rocher, 2013.
Daniel Durand, *La Systémique*, PUF, 2013.
Agnès Galletier, *Pourquoi les chevaux nous font tant de bien*, Le Rocher, 2010.
Jérôme Garcin, *Le Voyant*, Gallimard, 2015.
Daniel Goleman, *L'Intelligence émotionnelle*, J'ai lu, 2003.
Jean-Louis Gouraud, *Le Cheval, animal politique*, Favre, 2009.
Klaus Hempfling, *Danser avec les chevaux*, Vigot, 1996.
Linda Kohanov, *Le Tao du cheval : guérison et transformation par la voie du cheval*, Roland Denniel, 2003.
John Lyons, *Dressage selon la méthode de John Lyons*, Vigot, 2002.
Dr Philippe Maslo, *Le Pouvoir des odeurs*, Albin Michel, 1994.
André Monteilhet, *Les Maîtres de l'œuvre équestre*, Odège, 1979, rééd. Actes Sud, 2009.
Nuno Oliveira, *Œuvres complètes*, Belin, 2006.
Daniel Roche, *La Gloire et la Puissance*, Fayard, 2011.
Hélène Roche, *Motiver son cheval*, Belin, 2013.
Dr Marie-Dominique Turmel-Turrou, *Les Activités équestres à intention thérapeutique*, Charles Corlet, 2014.

FILMOGRAPHIE

Denis Dercourt, *En équilibre*, 2015 (d'après le livre de Bernard Sachsé, *Sur mes quatre jambes*, Le Rocher, 2005).
Albert Lamorisse, *Crin-Blanc*, 1953.
Robert Redford, *L'Homme qui murmurait à l'oreille des chevaux*, 1998 (d'après le roman de Nicholas Evans, *The Horse Whisperer*, 1995).

COMMENT NOUS CONTACTER :

MARQUE ET VALEURS FORMATION MANAGEMENT
5, rue de Chazelles, 75017 Paris
Tél. : (+33) 01 47 63 50 50
www.equicoaching.fr

ARNAUD CAMUS
Portable : 06 80 24 85 68
arnaudcamus@equicoaching.fr

Ouvrage réalisé par l'Atelier graphique Actes Sud. Achevé d'imprimer en mai 2016 par Normandie Roto Impression 61250 Lonrai sur papier fabriqué à partir de bois provenant de forêts gérées durablement (www.fsc.org) pour le compte des éditions Actes Sud Le Méjan Place Nina-Berberova 13200 Arles.
Dépôt légal 1re édition : juin 2016
N° impr. : 1601398
(Imprimé en France)